KB274966

즐거운 학교생활을 위한 교사와 학부모의 필독서

학교폭력 예방 매뉴얼 365

이순배 · 이원유 · 박형규 · 유광수 · 김종대 · 윤경순 · 노영기 · 송민석 · 김명희 · 임갑자 공저

모아북스
MOABOOKS

더욱 복잡해진 학교폭력,
해결 과정도 체계적으로 해야 한다

2025년 국회 교육위원회 국정감사는 미래의 우리 교육에 많은 시사점을 남겼다. 학교폭력은 해마다 오르는 단골 의제지만 해가 갈수록 개선되기는커녕 악화했다. 여전히 교실을 불안에 떨게 하는 학교폭력의 현실은 우리 교육이 어디서부터 다시 시작해야 하는지를 묻는다.

학교폭력은 수치상으로는 다소 줄었지만, 그 유형은 더욱 복잡해지고 심각해졌다. 2024학년도 학교폭력 사안 접수 건수는 5만 8,500여 건으로 전년보다 3,000건 가까이 줄었지만, 교육지원청 심의 건수는 2만 7,800여 건으로 오히려 3,000건 이상 늘었다. 학교폭력의 양상이 단순 갈등을 넘어 심의가 필요한 중대 사안으로 옮겨가고 있음을 보여준다.

폭력 유형별로는 신체 폭력과 언어 폭력이 가장 많고, 사이버폭력과 성폭력은 급증했다. 온라인 단체방을 통한 괴롭힘이나 딥페이크 성희롱 등 새로운 형태의 폭력이 늘면서 피해의 양상도 다양해졌다.

학교폭력대책심의위원회(이하 '학폭위')의 처리 기간은 절반 이상이 4주를 넘겼다. 피해 학생이 동시에 가해 학생으로 조치를 받은 '가해·피해 동시 부과' 사례도 2,200

여 건에 달했다. 복잡한 관계 폭력이 증가하면서 피해자 보호의 실효성이 떨어진다는 지적이 잇따른다. 한편, 학교폭력 전담 변호사는 대부분의 시도에서 4명 이하에 머물고, 학교전담경찰관(SPO) 1명이 평균 10개교 이상을 담당하는 것으로 나타났다. 제도적 대응 인력은 턱없이 부족하다.

이런 가운데 학교폭력 가해 학생이 피해 학생을 가해자로 모는 '학교폭력 맞신고'가 교육 현장에서 빈번하게 일어난다. 학교폭력 전력이 대학 입시 등에 중요하게 반영되면서 가해 학생의 학부모가 극단적인 방어 전략으로 맞고소를 하기 때문이다. 맞고소 혐의는 대개 무고죄다.

한 사례로, 최근 인천의 한 초등학교에서 성추행을 당한 여학생들이 가해 남학생 측의 학교폭력 신고로 학폭위 조사를 받았다. 남학생 측은 이후에도 여학생들을 무고 혐의로 형사고소했지만, 모두 '혐의없음' 처리됐다. 또 경기도의 한 중학교에서 성추행을 당한 여학생이 학교폭력 신고를 하자 남학생 측이 "나도 성희롱 등 피해를 봤다"며 맞대응했다. 강원도 한 중학교에서 따돌림을 겪은 학생이 피해 사실을 학교에 알리자 가해자로 지목된 학생이 "학교폭력 신고로 불면증에 시달리는 등 정신적 피해를 봤다"며 피해 학생을 학교폭력으로 신고했다.

이런 맞고소 행태는 피해자 측에 압력을 가함으로써 신고를 취하하게 하거나 적어도 쌍방 과실이라는 결론을 얻어내려는 노림수다.

개정된 초·중등교육법 시행규칙이 적용되면서 학교생활기록부에 적힌 출석정지(6호), 학급 교체(7호), 전학(8호) 등 학교폭력 처분 기록은 최대 4년간 보존된다. 이전까지는 학교폭력 처분 기록은 해당 학교 졸업 시 삭제되거나 최대 2년까지만 보존됐다. 이런 기록은 대학 입시에도 불리하게 작용한다. 최근 학교폭력 사유를 들어 대입 합격 취소가 늘어나는 것이 그런 현실을 반영한다.

이 책은 이런 교육 현장의 현실을 적용하여 학교폭력 문제에 대해 실제적이고 구체적으로, 그리고 단계적이고 체계적으로 기술하였다. 그리하여 일선 교사와 정책 담당자는 물론이고 학교폭력에 연루된 피해·가해 학생과 그 부모까지도 실제로 도움을 받을 수 있도록 구성하고 필요한 내용을 채웠다.

아무쪼록 이 책이 우리 아이들 교실의 평화를 지키는 데 일조하기를 바란다.

2025년 12월
저자 대표 이순배

이 책은 3부 13장으로 구성되었다.

제1부는 4개 장으로 학교폭력의 개념과 기본 대응 전략을 다룬다.

구체적으로는 학교폭력의 이해에서 학교폭력의 개념과 유형 및 청소년 발달과 폭력 행동 그리고 최근 학교폭력 트렌드 및 학교 현장 적용 방안을 살펴본다. 학교폭력 문제에서 개인 심리 · 정서 요인과 가정 · 학교 · 지역사회 요인 그리고 학교폭력이 남기는 심리적 · 사회적 영향을 짚어본다. 학교폭력에 대한 법적 절차에서 학교폭력 관련법과 정책 및 특별교육 이수 제도의 법적 근거 그리고 기관별 역할과 협력 체계를 설명했다. 전문 교육을 통한 개선 노하우에서는 개념과 설립 목적 및 운영 체계와 프로그램 구성 그리고 전문 인력과 역할 등에 대해 현실적 적용을 고려하여 상세히 다룬다.

제2부는 3개 장으로 학교폭력 대응 관행과 고정관념 그리고 편견 버리기에 관해 다룬다.

구체적으로는 근본적인 해결을 위한 대안에서 분노 관리 및 공격성과 비행 행동 이론 그리고 회복적 정의와 관계 회복 이론을 자세히 살펴본다. 특별교육에서 학교폭력의 통합적 개입 접근 및 회복적 서클과 대화 기법 그리고 예방과 치료의 균형을 다룬다. 학교폭력 대응은 가족 참여가 핵심 토대라는 관점에서 부모 교육과 상담 및 가족 기능 회복과 지지망 형성 그리고 가정 · 학교 · 지역사회 연계 등에 관해 풍부한 사레를 들어 기술한다.

구체적으로는 유형별 사례 관리 노하우에서 사례 관리의 개념과 필요성 및 사례 관리자의 전문성 그리고 사례 관리 과정을 살펴본다. 가해 학생 케어는 처벌보다는 변화에 초점이라는 관점에서 가해 학생의 심리적 특성과 개입 포인트 및 책임 강화. 행동 수정 프로그램 그리고 관계 회복과 사회적 기술훈련을 설명했다. 피해 학생의 케어는 자기 신뢰부터라는 관점에서 피해 학생의 외상 이해와 심리적 지원 및 회복과 자존감 향상 프로그램 그리고 재피해 예방과 안전망 구축을 다루었다. 학교와 지역사회의 관심과 협력에서 학교 내 협력체계 및 지역사회 기관과 연계 그리고 다학제적 협력 네트워크를 살펴보고, 디지털 시대의 학교폭력 대응과 치유에서 사이버폭력의 특성과 사례 및 디지털 리터러시 교육과 예방 프로그램 그리고 온라인 상담과 비대면 치유 프로그램을 다루었다. 끝으로 회복을 위한 최종 평가에서 프로그램 효과성 평가 방법 및 해외 사례와 시사점 그리고 미래 지향적 전략 등에 관해 구체적인 근거를 들어 기술했다.

그리고 13개 장 마지막에 [이거 알아요?]를 두어 각 장에서 시사하는 바를 재삼 상기하고 교육적 해결을 위한 인식과 대안을 참고하도록 했다.

학교폭력,
이렇게 대응해야 한다

*

세상에서 가장 오해받는 말이 '사랑' 이다.
사랑이라는 이름으로 가해지는 구속과 소유욕은
적나라한 욕망이자 은폐된 폭력이다.
사랑은 굳이 구속하거나 소유하려 하지 않는다.
언제 어디서든 누구와 함께하든
그저 평안하고 행복하기를 바라는 마음이 사랑이다.

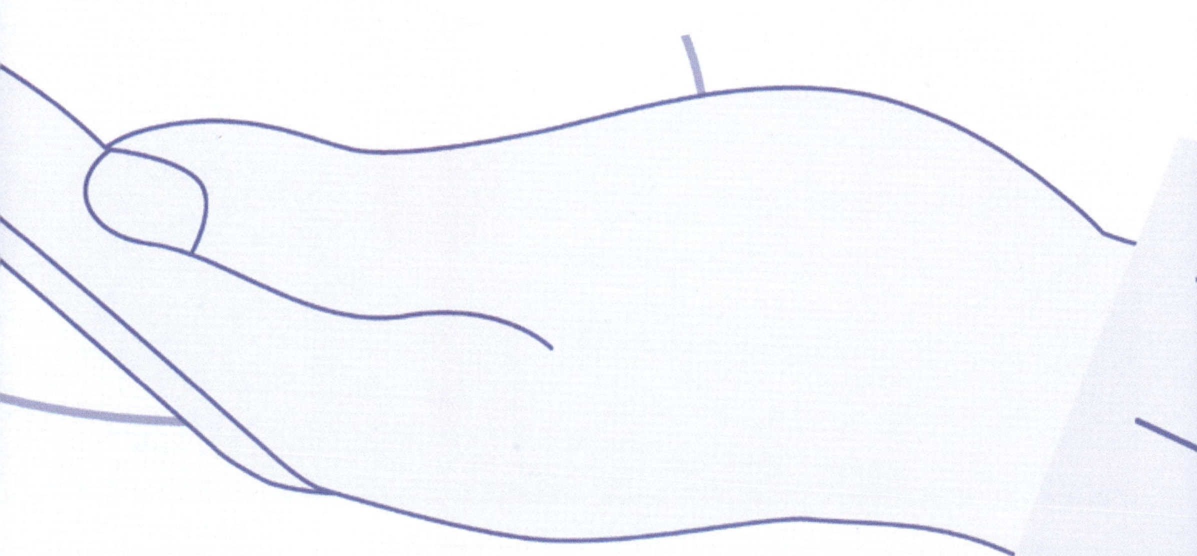

학교폭력의 개념과 변화 양상을 이해하고,
최근 두드러진 집단·은폐형 폭력의 실체를 파악하여
예방을 모색한다.

- 학교폭력의 정의와 주요 유형 알아보기
- 청소년 발달단계와 폭력 행동 연관성 파악하기
- 변화하는 학교폭력의 트렌드 분석하기

학교폭력의 이해

01 학교폭력의 개념과 유형

1) 학교폭력의 법적 개념

학교폭력은 단순한 학생 간의 다툼이 아니라, 피해 학생에게 신체적 · 정신적 · 재산상 피해를 초래하는 **사회적 문제**이다. 법률 제21066호「학교폭력예방 및 대책에 관한 법률」(이하 '학교폭력예방법') 제2조는 학교폭력을 이렇게 규정한다. 이 규정은 열거되지 않은 새로운 형태의 괴롭힘도 포괄하는 근거로 작동한다.

"학교 내외에서 학생을 대상으로 발생한 상해, 폭행, 감금, 협박, 약취 · 유인, 명예훼손 · 모욕, 공갈, 강요 · 강제적인 심부름 및 성폭력, 따돌림, 사이버폭력 등에 의하여 신체 · 정신 또는 재산상의 피해를 수반하는 행위를 말한다(법제처, 2025)."

이 시대의 학교폭력은 더 이상 개인적인 갈등 문제가 아니라, 법률과 제도에 따라 엄격히 규율되는 사회적 문제이다. 학교폭력예방법은 피해 학생의 보호와 가해 학생의 선도 · 교육, 재발 방지를 목적으로 제정되었다. 주요 내용은 [표 1-1]과 같다.

[표 1-1] 학교폭력예방법의 주요 내용 (교육부, 2025)

항목	내용
학교폭력의 범위 규정	신체 · 언어 · 정서 · 성폭력, 따돌림, 사이버폭력 등 다양한 유형을 명시한다.
학교의 책무	학교장은 학교폭력 사안이 발생했을 경우 즉시 조사해야 하며, 피해 학생의 안전 확보를 위한 임시 조치를 시행해야 한다.
학교폭력대책심의위원회 운영	교육지원청 단위에서 운영되며, 가해 · 피해 학생에 대한 조치 사항을 심의 · 결정한다.
피해 학생 보호	심리상담, 학급 교체, 치료비 지원 등 실질적인 보호 조치가 포함된다.
가해 학생 조치	서면 사과, 사회봉사, 특별교육 이수, 출석정지, 전학, 퇴학 등 다양한 단계의 조치가 가능하다.

이러한 법적 근거는 단순히 사건을 처리하는 차원을 넘어, 학생의 인권을 보호하고 교육적 회복을 지향하는 점에서 중요한 의미가 있다(김경준 · 이기영, 2019).

2) 학교폭력의 유형

[표 1-2]는 학교폭력예방법에 열거된 학교폭력의 유형을 현장의 의미, 예시, 교사가 관찰할 수 있는 징후, 피해 영향, 초기 대응 포인트로 정리한 내용이다.

[표 1-2] 학교폭력 유형별 정리

유형	정의	예시	징후	영향
상해	타인의 신체에 실제적 손상이나 부상을 초래하는 행위	주먹질, 발길질, 흉기 사용으로 상처 입히기	멍·상처·반복적 병원 방문	신체 손상뿐 아니라 외상후 스트레스, 학업 결손
폭행	신체에 대한 유형력 행사 자체(상해 여부와 무관)	밀치기, 뺨 때리기, 물건 던지기	옷·소지품 훼손, 위축된 태도	심리적 불안과 위축 행동
감금	학생을 구속·가두어 자유로운 이동을 제한하는 행위	빈 교실·창고·화장실에 가두기	특정 시간대 실종, 회피 행동	심리적 트라우마, 공포증
협박	피해자 또는 가족에게 위해를 가하겠다고 위협	"사진 퍼뜨리겠다", "집에 찾아가겠다."	비밀스러운 행동, 불안한 표정	극도의 불안, 생활 위축
약취·유인	폭력·협박으로 강제 이동(약취)하거나 속여 데려가는 행위(유인)	"선생님이 찾는다"며 외진 곳으로 데려가기	등·하교 경로 변화	안전 위협, 심리적 충격
명예훼손·모욕	사실 또는 허위 사실로 사회적 평가를 떨어뜨리거나 공개적 모욕	SNS에 소문 유포, 교실 내 조롱	SNS 기피, 자존감 저하	2차 피해 가능성 (온라인 확산)
공갈·금품 갈취	협박·위력으로 금전·물품을 갈취	매일 용돈 요구, 온라인 게임 아이템 탈취	소지품 상실, 비밀스런 송금	경제적 피해+종속감·불안
강요(강제적 심부름)	본인 의사에 반하는 반복적·강제적 행위 요구	매점 심부름, 불법 행위 강요	권력관계 고착	학습권 침해
성폭력	성적 수치심·자유를 침해하는 모든 행위	신체접촉, 성적 농담, 불법 촬영·딥페이크 제작	수치심, 특정 앱·장소 기피	심각한 수치심·트라우마
따돌림	지속적·반복적 배제·괴롭힘으로 고통 유발	급식·놀이에서 배제, 집단적 무시	고립, 출결 저하	사회성 손상, 학업 중단 위험
사이버 따돌림 및 음란·폭력 정보 유포	인터넷·SNS·게임에서 따돌림·명예훼손·불법영상 유포	단체 채팅방 배제, 합성사진 유포	알림 두려움, 수면장애	24시간 노출, 피해 영속성

출처 : 법률 제21066호(2025. 10. 1) 「학교폭력예방 및 대책에 관한 법률」 재정리

청소년 발달과 폭력 행동

청소년기는 신체적·정서적 급성장과 함께 자아정체성을 형성하는 과도기이다. 이 시기의 또래 관계는 '자아 확립' 의 주요 무대이자, 사회적 기술을 습득하는 훈련장이 된다. 그러나 이러한 발달적 특성이 때로는 또래 간 서열화, 집단 동일시의 과도함, 감정 조절의 미숙함으로 인해 폭력 행동으로 전이되기도 한다(Erikson, 1968: Steinberg, 2017).

즉, 학교폭력은 단순한 규칙 위반 행위가 아니라 청소년 발달의 역동적 과정에서 나타나는 '사회적 신호' 이다. 최근의 학교폭력 양상은 세 가지 뚜렷한 변화(집단성 확대, 은폐형 증가, 디지털화·고도화)가 특징이다.

1) 집단성 확대 : "한 명의 가해자가 아니라, 여러 명의 방관자"

최근 학교폭력은 개인 간 갈등을 넘어, 다수의 학생이 특정 학생을 조직적으로 배제하거나 따돌리는 집단폭력 형태로 진화했다. 예를 들어, 특정 학생을 학급 단체 채팅방에서 배제하거나 별도의 소모임을 만들어 '왕따' 문화를 강화하는 사례가 증가한다(KEDI, 2022). 이러한 집단성 확대는 '가해자-피해자-방관자' 의 경계를 모호하게 만든다. 일부 학생은 직접 폭력을 행사하지 않더라도 웃음, 무시, 참여하지 않음 등의 소극적 행동으로 폭력 구조에 동참한다. 특히 청소년기의 소속 욕구와 또래 승인 욕구가 강할수록 방관자의 죄책감보다 집단 내 생존이 우선시되며, 폭력은 관계의 통제 수단으로 사용된다.

 아하! 그렇구나

집단폭력 예방은 개별 가해자 처벌만으로는 불충분하다. 학급 차원의 관계 진단, 또래 리더십 교육, 협동 학습 기반의 공동체 회복 프로그램이 병행되어야 한다.

2) 은폐형 증가 : "보이지 않는 폭력, 감정의 사각지대"

학교폭력의 또 다른 변화는 은폐형 폭력의 급증이다. 교실 내에서 직접적인 폭언·폭행보다는 무시, 배제, 대화에서의 '읽씹', 조롱이 담긴 이모티콘 등으로 상대의 존재를 지우는 심리적 폭력이 퍼지고 있다. 이러한 행동은 '언어적 공격성' 보다는 '관계적 공격성' 으로 분류되며, 겉으로 드러나지 않아 교사나 보호자가 인식하기 어렵다. 특히 SNS나 단체 대화방에서는 특정 학생이 대화 주제에서 계속하여 제외되거나, 본인이 없는 시간대에 험담이 오가는 등의 형태로 나타난다.

 아하! 그렇구나

은폐형 폭력은 '피해자의 자기 비난' 을 강화하고, 우울·불안 등 내면화된 문제(internalizing problems)로 발전할 가능성이 크다. 따라서 담임교사와 전문상담교사는 정기적인 정서 징후 진단, 익명 설문, 또래 감정표현 훈련을 통해 잠재적 피해를 조기 탐지할 필요가 있다.

3) 디지털화 · 고도화 : "공간의 경계가 사라진 폭력"

학교폭력의 디지털화는 공간의 확장과 피해의 지속성을 동시에 가져왔다. SNS, 메신저, 온라인 게임을 통한 욕설, 협박, 허위사실 유포 등 사이버폭력이 급증하고 있으며, 최근에는 딥페이크(Deepfake), 합성사진, 인공지능 이미지 편집 기술이 악용되어 성적 명예훼손 · 협박 등 새로운 유형의 폭력이 나타나고 있다(교육부, 2024).

디지털 폭력의 특징은 시간과 장소의 제약이 없고, 삭제 후에도 디지털 흔적이 복제·확산 될 수 있다는 점이다. 피해자는 '학교 밖에서도 안전하지 않다' 는 불안감에 떨게 되어 심리적 회복이 더욱 어려워진다.

디지털 폭력 대응은 기술적 차단뿐 아니라 디지털 시민성 교육(digital citizenship education) 이 핵심이다. 학생들이 온라인 공간에서의 책임, 정보 공유 윤리, 공감적 의사소통을 학습하도록 하는 정규 교육과정 연계형 예방 교육이 필요하다.

4) 통합적 보호망의 구축 : "학교-가정-지역사회가 함께"

이러한 변화는 폭력이 더 이상 학교 내에 국한되지 않고 피해자의 일상 전체로 확산되고 있음을 보여준다. 그래서 학교―가정―지역사회가 함께하는 통합적 보호망의 구축, 즉 학교 체계가 필요하다.

예를 들어, 학교는 조기 경보 시스템(early warning system) 을 통해 위험 징후를 탐지하고, 가정에서는 부모가 디지털 사용 습관과 정서 반응 패턴을 모니터링하며, 지역사회는 전문상담센터 및 경찰청 사이버안전국과의 협력 체계를 통해 통합적 대응을 강화한다.

청소년기의 폭력 행동은 단순한 일탈이 아니라 발달적 불균형과 사회적 맥락이 교차한 결과물이다. 학교폭력 예방은 처벌 중심의 접근에서 벗어나 청소년 발달 이해 기반의 회복적 접근(restorative approach)으로 나아가야 한다.

03 최근의 학교폭력 트렌드

1) 학교폭력 양상의 변화

최근 학교폭력은 물리적 폭행 중심의 전통적 형태에서 벗어나, 온라인 공간을 매개로 한 사이버폭력, 또래 집단 내 관계 중심 폭력, 은폐·비가시화된 폭력 등으로 다양화되고 있다. 이러한 변화는 디지털 기술의 발전, 또래 문화의 변화, 경쟁적 학습 환경, 개인의 심리적 요인 등이 복합적으로 작용한 결과이다.

교육부(2024)에 따르면, 학교폭력의 전체 건수는 다소 감소했으나 '사이버폭력' 의 비율은 꾸준히 증가하고 있으며, 집단 따돌림 및 관계적 폭력의 비중 또한 여전히 높게 유지되고 있다.

2) 사이버폭력의 확산

(1) 특징

사이버폭력은 SNS, 메신저, 온라인 게임, 커뮤니티 등 다양한 플랫폼에서 발생한다. 익명성·비대면성으로 인해 피해자가 심리적 위협을 지속적으로 경험하며, 가해자는 자신의 행동을 폭력으로 인식하지 못하는 경우가 많다. 디지털 콘텐츠의 특성상 확산 속도와 파급력이 매우 커, 피해 복구가 어려운 점이 특징이다.

(2) 주요 유형

① 사이버 따돌림 : 단체 채팅방에서 특정 학생을 고의로 배제하거나 조롱하는 행위

② 비방 · 명예훼손 : SNS · 게시판에 허위사실 유포, 악성 댓글 게시

③ 사이버 스토킹 및 사생활 침해 : 사진 · 영상의 무단 촬영 · 배포

④ 디지털 성폭력 : 성적 수치심을 유발하는 사진 · 영상의 공유 및 유포 협박

(3) 대응 방향

① 학교 차원의 디지털 시민교육 강화, 사이버폭력 대응 매뉴얼의 사전 · 사후 단계별 구체화

② 학생자치회 · 또래 상담 프로그램을 통한 예방 교육

③ 경찰청 · 사이버수사대 등 외부 전문 기관과의 연계 체계 강화

3) 집단폭력의 지속적 문제화

(1) 특징

폭력의 주체가 개인이 아닌 또래 집단이라는 점에서 동조 압력과 관계 유지 욕구가 주요 배경으로 작용한다. 최근에는 직접적인 폭행보다 심리적 · 관계적 배제 형태로 나타나며, 집단 따돌림, 소셜네트워크 내 배제, 역할 분담형 폭력(주동자 · 조력자 · 방관자 구조) 등이 나타난다.

(2) 최근 경향

최근에는 단체 채팅방을 이용한 폭력, 특정 학생에 대한 온라인 집단 조롱, 학교 내 서열 문화 강화, 피해 학생이 학교생활에서 고립되거나 전학하는 경우가 증가하고 있다.

(3) 대응 방향

집단폭력의 대응 방향은 학급 단위 인권·공감 교육을 강화하고, 또래 관계 회복 프로그램, 집단상담 및 사회성 훈련을 운영하며, 학급 담임과 전문상담교사 간 협업 체계 구축을 통한 지속적인 모니터링을 실시한다.

4) 은폐형 폭력의 증가

(1) 특징

은폐형 폭력은 교사의 눈이나 공식 조사에서 쉽게 드러나지 않는 형태의 폭력으로, 언어적·비언어적 괴롭힘, 무시, 따돌림, 강요, 거부감 조성 등이 포함된다. 특히 '장난', '농담' 등의 형태로 포장되어 가해 인식이 약하고, 피해자는 문제 제기 시 또 다른 2차 피해를 우려해 침묵하는 경우가 많다.

(2) 은폐 원인

은폐 원인에는 피해자의 보복에 대한 두려움, 학교 평판 유지를 위한 축소·무시, 또래 집단 내 침묵의 규범 형성, 피해 사실의 모호성(명확한 물리적 증거 부족) 등이다.

(3) 대응 방향

은폐형 폭력의 대응 방향은 교사를 대상으로 폭력 조기 징후 탐지 교육을 실시하고, 익명 신고시스템 및 보호 절차를 강화하며, 심리·상담 중심의 피해자 지원체계를 확립하고, 학교 내 신뢰 문화 조성을 통한 신고를 활성화한다.

학교폭력은 단순한 개인 간 문제를 넘어 디지털 문화, 또래 관계, 학교 조직문화의 문제로 확장되고 있다. 이에 따라 학교는 **'사전 예방—조기 발견—사후 회복'** 의 3단계 통합 시스템을 구축해야 하며, 학생·교사·학부모가 함께 참여하는 통합적 안전문화 조성이 필수적이다. 특히 사이버폭력 및 은폐형 폭력의 특성을 반영한 디지털 리터러시 교육, 정서 회복 지원, 관계 회복 프로그램이 실질적 효과를 거둘 수 있도록 설계한다.

1) 학교 차원의 통합 대응 체계 구축

(1) 학교폭력 대응 전담팀의 기능 강화

① 학교폭력 전담기구(학교폭력대책자치위원회, 전담기구 등)의 전문화 및 실질적 운영이 필요하다.

② 단순 사건 처리 중심을 넘어, 사전 예방—조기 개입—사후 회복의 전 과정에 대한 관리 기능을 수행하도록 역할을 재정비한다.

③ 전담교사, 전문상담교사, 생활지도부, 담임교사, 행정실 등이 유기적 협업 구조를 유지한다.

(2) 정기적 위험도 진단 및 모니터링 시스템 운영

① 학기별로 '학교폭력 실태조사'와 별개로 교내 위험 요인 점검 지표(관계 갈등, 온라인 언행, 방관 행동 등)를 활용한 자체 진단을 실시한다.

② 담임—상담—보건—행정 간 정보를 공유하는 학교 내 위험감시 네트워크를 구축한다.

2) 교사의 역할 강화 및 전문성 제고

(1) 교사의 예방적 역할
① 교사는 학급 내 관계 중심의 예방자로서, 학생 간 상호 존중 문화를 형성한다.
② 감정 코칭, 회복적 질문, 갈등 조정 대화법 등 실천 중심 연수를 통해 교사의
　언어 · 관계적 개입 역량을 강화한다.
③ 일상적 관찰을 통한 조기 징후 파악(표정 변화, 참여도, SNS 사용 변화 등) 능력을
　기른다.

(2) 교사의 대응 및 회복 촉진 역할
① 피해 · 가해 학생 모두의 관점에서 공감적 접근 및 회복적 대화(restoration
　dialogue)를 시도한다.
② 사후 단계에서는 교사—학부모—학생 간 회복 미팅을 운영하여 관계 단절을
　최소화하고, 학교 공동체 복원을 돕는다.
③ 교사 간에도 사례 공유 및 지원 네트워크를 구축하여 감정 소진 예방과 전문적
　피드백 체계를 마련한다.

3) 교육 프로그램의 체계적 운영

(1) 사전 예방 중심 프로그램
① 학기 초 '학급 공동체 회복 주간'을 운영하여 학생 주도의 학급 규범 만들기
　활동을 실시한다.
② 사이버폭력 예방 교육은 단순 정보 전달을 넘어 실제 사례 시뮬레이션 ·
　역할극 · 디지털 시민윤리 토론 방식으로 진행한다.

③ 또래 주도형 프로그램(또래 지킴이, 또래 상담단 등)을 활성화하여 학생의 자율적
  개입 능력을 강화한다.

(2) 조기 개입 프로그램

① 관계 갈등 징후가 있는 학급을 대상으로 '회복적 서클(restoration circle)' 을
  적용한다.
② 상담교사 · 외부 전문가 협력형 집단상담 프로그램(공감 훈련, 감정 표현 훈련,
  공격성 조절 훈련 등)을 도입한다.
③ 온라인 폭력 징후가 감지되면 사이버폭력 전문기관 연계 및 교내 신고 플랫폼을
  즉시 활용한다.

(3) 사후 회복 및 재적응 프로그램

① 가해 학생에게는 특별교육 이수 과정을 교육 중심으로 운영하되, 단순 처벌이
  아닌 행동 교정+관계 회복 병행 모델을 적용한다.
② 피해 학생에게는 심리 · 정서 회복 지원(개인 상담, 회복캠프, 멘토링)을 제공하고,
  학급 전체를 대상으로 '재통합 프로그램(healing class program)' 을 실시한다.
③ 장기적으로 학교폭력 피해 · 가해 학생 사후관리 DB를 구축하여, 추적 상담 및
  재피해 방지를 실시한다.

4) 가정 · 지역사회 · 전문기관과의 협력 강화

(1) 가정과의 연계

① 학부모 대상 디지털 윤리 · 폭력 인식 교육을 정기화하여, 가정에서도 일관된
  지도가 가능하도록 한다.

② 가정 방문 또는 전화 상담을 통한 가정 내 지원체계 점검 및 학부모—교사 협력
모델을 확립한다.

(2) 지역사회 및 전문기관 연계

① 청소년 상담복지센터, 경찰청 학교전담경찰관(SPO), 지역 정신건강센터 등과
다층적 협력 체계를 구축한다.

② 사건 발생 시에는 행정적 절차를 넘어 심리 · 법률 · 의료 지원을 통합적으로
연계하는 '원스톱 지원체계' 를 운영한다.

③ 지역 교육지원청은 권역별 학교폭력 대응 협의체를 운영하여, 학교 간 정보와
사례를 공유한다.

5) 안전하고 회복력 있는 학교문화 조성

(1) 회복적 생활교육을 전 학급 · 전 교직원 차원에서 추진하여, '처벌보다 회복' 의
문화가 정착되도록 한다.

(2) 학생자치회 · 학교폭력 예방동아리 등 학생 주도 문화 활동(학교폭력 인식 개선
캠페인, UCC 제작, 또래 포럼 등)을 확대한다.

(3) 교사와 학생이 함께 참여하는 '안전한 학교 공동체 협약' 을 매년 갱신 ·
서약함으로써, 학교 전체가 **예방—대응—회복**이 순환되는 회복적 생태 체계를
실천한다.

학교폭력 예방과 대응은 단순히 사건의 '처리' 가 아니라, 학교 구성원 모두의 관계를 회복하고 공동체 신뢰를 회복하는 과정이다. 이를 위해 학교는 교육적 책무성을 기반으로 첫째, 교사의 전문성 강화, 둘째, 예방 중심의 교육 프로그램 운영, 셋째, 지역사회 협력 네트워크 구축 등을 축으로 하는 실행 전략을 지속적으로 발전시킨다.

이거 알아요?

☑ 학교폭력을 근본적으로 예방하는 방법

1장에서 학교폭력의 실제 사례를 유형별로 분류하고, 청소년의 발달단계별 특징을 도표로 정리하며, 최근 뉴스 속 '은폐형 폭력' 사례를 조사하고 원인을 분석했다.

[표 1-2]에서 정리해 보여주었듯이 학교폭력은 신체 폭력뿐 아니라 정신적 학대나 금품갈취와 같은 다양한 형태로 나타나는데, 장소 역시 학교 내에 국한되지 않고 학교 밖 어디든 가리지 않고 일어나 피해 학생은 폭력을 잠시라도 피할 데가 없다. 일상이 지옥이니 극단적인 생각을 할 수밖에 없게 된다.

학급과 학교 전체의 역학관계 생태계를 나타내는 '카스트' 파악

학교폭력 사건별 사후 대응으로는 학교폭력을 근본적으로 예방할 수 없다. 사후약방문일 뿐이다. 학생들 간의 관계 생태계, 즉 서열 구조를 '학교 카스트' 라고 한다. 우선 카스트를 학급으로 좁혀서 학생들 간의 역학 구도를 파악할 필요가 있다. 이때 가장 좋은 방법은 학생들에게 직접 서열 구도를 그려보게 하는 것이다. 이는 학생들이 자신들의 관계를 구조적으로 인식할 수 있는 능력을 길러준다.

구체적인 방법으로는 학생들 모두에게 각자 비공개로 앉은 자리에서 피라미드를 그려 제출하도록 한다. 예고 없이 바로 시행해야 강압으로 인해 거짓으로 그리는 일이 없게 된다.

- 피라미드 맨 위쪽에는 친구들을 괴롭히거나 규칙을 무시하는 학생 이름을 쓰도록 한다.

- 피라미드 맨 아래쪽에는 주로 괴롭힘을 당하거나 주눅 들어 생활하는 학생 이름을 쓰도록 한다.

- 피라미드 칸을 몇 개로 나눌지는 자율에 맡기되 작성자 본인에 어느 칸에 속하는지는 꼭 쓰도록 한다. 각자 본인의 정체성을 확인하는 중요한 절차다.

- 각 칸에 위치한 친구들이 왜 그 칸에 있는지 이유를 간단 명료하게 쓰도록 한다.

서로의 관계가 드러난 이런 피라미드를 바탕으로 토론함으로써 가해 학생이든 피해 학생이든 방관자 학생이든 문제의 본질을 스스로 깨닫게 한다. 반 친구들은 서열에 따른 힘의 논리로 다스리고 다스림을 받는 사이가 아니라 서로 대등한 관계에서 공부하고 생활하는 친구라는 사실을 마음으로 받아들이도록 한다.

학교폭력이 왜 발생하는지,
개인 · 가정 · 사회적 요인을 다방면으로 탐색하여
폭력의 뿌리를 찾아 근본적인 해결 방안을 마련한다.

- 개인의 심리 · 정서적 요인이 폭력 행동에 미치는 영향 알아보기
- 가정, 학교, 지역사회 환경이 폭력에 미치는 요인 분석하기
- 학교폭력이 남기는 장기적 심리 · 사회적 상처 파악하기

학교폭력,
무엇이 문제인가?

01   개인 심리 · 정서 요인

학교폭력은 단순한 또래 간의 다툼이나 일시적 장난으로 치부할 수 있는 문제가 아니다. 그것은 한 학생의 인격 형성과 사회적 관계, 나아가 평생의 삶의 질에 중대한 영향을 미치는 복합적인 심리 · 사회적 현상이다. 최근 들어 학교폭력의 양상은 더욱 다양해지고 있다. 과거에는 주로 교내의 신체적 폭력과 언어 폭력이 중심이었다면, 이제는 디지털 공간을 무대로 한 사이버폭력, 집단 따돌림, 사회적 배제와 같은 형태로 확산되고 있다(교육부, 2024). 이러한 변화는 폭력이 단순한 개인 문제를 넘어, 가정, 학교, 사회문화 전반의 상호작용 속에서 발생하는 구조적 문제임을 시사한다.

학교폭력의 출발점은 종종 개인의 내면에서 비롯된다. 가해자는 공격성, 충동 조절의 어려움, 자기중심적 사고 경향을 보이는 반면, 피해자는 낮은 자존감, 불안감, 사회적 위축 등 정서적 취약성을 보이는 경우가 많다(김은희, 2025). 그러나 이러한 요인들은 타고난 성격보다는 성장 과정에서 형성된 심리적 경험과 환경적 요인의 결과로 이해해야 한다.

1) 공격성과 충동 조절의 문제

많은 연구에서 가해 학생들은 순간적인 감정을 통제하지 못해 폭력을 행사한다고 보고한다. 김은희(2025)의 연구에 따르면, 중 · 고등학생 가해자의 68%가 "화를 참지 못하고 행동으로 옮긴 적이 있다"고 응답했다. 이러한 충동성은 단순한 '성격 문제'가 아니라, 뇌의 발달과 관련된 특성으로 볼 수 있다.

청소년기의 전전두엽(prefrontal cortex)은 감정 조절과 사고 판단을 담당하는데, 이 시기에 아직 완전히 발달하지 않았기 때문에 순간적인 자극에 즉각 반응하는 경향이 있다(한국청소년정책연구원, 2022).

🧑‍⚕️ 사례 2-1 분노를 다스리지 못한 가해 학생

고등학교 2학년 A군은 친구가 웃는 모습을 보고 자신을 조롱했다고 오해하여 주먹을 휘둘렀다. 하지만 친구는 단순히 다른 이야기에 웃고 있었던 것으로 밝혀졌다. 상담 과정에서 A군은 "누가 나를 무시하면 가만히 있을 수 없다"고 말했다. 이는 적대적 귀인 편향―즉, 타인의 의도를 부정적으로 해석하는 인지 왜곡―의 전형적 사례다(Dodge, K. A., & Coie, J. D, 1987).

이처럼 감정 조절 능력이 부족하면, 사소한 자극도 위협으로 인식되어 공격적 반응으로 이어진다. 따라서 폭력 예방 교육은 단순한 징계가 아니라, 감정 인식과 자기조절 훈련, 공감 능력 향상 프로그램이 병행되어야 한다.

2) 낮은 자존감과 자기 비난의 악순환

피해 학생들은 대체로 자신에 대한 평가가 낮으며, 타인의 말과 행동에 과도하게 영향을 받는다. 오지원(2020)의 연구에서는, 언어 폭력 피해 학생의 자존감 점수가 일반 학생보다 평균 25% 낮았고, 이는 우울감, 무력감, 학업 집중력 저하로 이어진다고 보고되었다.

🧑‍⚕️ 사례 2-2 "내가 잘못한 걸까?" —피해 학생의 내면

중학교 2학년 B양은 친구들로부터 "못생겼다", "멍청하다"는 말을 반복적으로 들었다. 처음엔 무시하려 했지만, 점차 "내가 진짜 이상한 사람인가 봐요"라고 말하며 스스로를 탓하기 시작했다. 이는 피해자가 가해자의 평가를 자신의 정체성으로 받아들이는 내면화의 전형적인 형태이다 (여성가족부, 2023).

이처럼 반복된 모욕은 자기 가치감(self-worth)을 훼손하고, 타인에 대한 불신과 대인기피로 이어진다. 결국 피해자는 침묵을 선택하게 되며, 그 침묵은 가해자에게 또 다른 폭력의 여지를 남긴다.

3) 사회적 기술 부족과 대인관계 오해

학교폭력의 원인 중 종종 간과되는 것이 바로 사회적 기술(social skills)의 부족이다. 의사소통 능력, 감정표현, 공감 능력이 부족한 학생은 의도치 않게 갈등을 일으키거나 반대로 오해를 사기 쉽다.

🧑‍⚕️ 사례 2-3 말투 하나로 오해받은 학생

초등학교 6학년 C군은 친구에게 장난스러운 말투로 말했다. "너 숙제 안 했지?" 그러자 상대는 공격으로 받아들였다. "너는 왜 항상 비꼬냐?" 그러면서 싸움이 커졌다. 실제로 C군은 사회적 신호를 읽는 데 어려움을 겪는 '비언어적 의사소통 결함'을 가지고 있었다. 이러한 사례는 사회성 교육이 단순한 인성교육을 넘어 폭력 예방의 중요한 기반임을 보여준다. 학교 차원에서 학생들이 감정과 관계를 건강하게 다루는 훈련을 정규 교육 과정에 포함시킬 필요가 있다.

02 가정 · 학교 · 지역사회 요인

학교폭력은 개인의 문제만으로 설명될 수 없다. 가정의 양육 태도, 학교의 제도적 대응, 그리고 사회 전반의 문화적 분위기가 상호작용하며 폭력의 토양을 형성한다.

1) 가정의 양육 환경과 정서적 안정성

가정은 아이가 처음으로 사회적 관계를 배우는 공간이다. 부모의 양육 태도와 가정 내 분위기는 자녀의 정서 발달에 직접적인 영향을 미친다. 바움린드(Baumrind, 1991)는 부모의 양육 태도를 권위적, 권위주의적, 방임적으로 분류하며, 특히 권위주의적 태도는 아동의 자율성과 정서 조절 능력을 약화시킨다고 지적했다.

사례 2-4 가정의 폭력을 학습한 학생

중학교 1학년 D군은 어릴 적부터 부모의 언성을 자주 들으며 자랐다. 그는 친구와의 갈등 상황에서 "세게 나가야 이긴다"고 말했다. 이는 앨버트 반두라(Albert Bandura, 1973)의 사회학습이론에서 말하는 관찰학습(observational learning)의 사례로, 아동은 폭력을 문제 해결의 수단으로 배우게 된다. 또 부모의 무관심이나 정서적 지지의 부재는 피해 학생에게 이중의 고통을 준다. 교육부(2023)의 조사에 따르면, 피해 학생의 36%가 "부모에게 말하지 않았다"고 답했는데, 그 이유 중 상당수가 "부모가 나를 탓할까 봐 두려웠다"였다. 즉, 가정은 피해 학생에게 심리적 회복의 보호막이 되어야 하지만, 현실에서는 종종 또 다른 불안의 원인이 되기도 한다.

2) 학교의 구조적 문제와 대응의 한계

학교는 학생이 사회적 관계를 실습하는 공간이지만, 동시에 폭력이 은폐되기 쉬운 구조를 갖는다. 교사의 미개입, 신고 체계의 미비, 성적 중심의 경쟁 문화 등이 폭력의 지속을 허용한다(김유원, 2023).

🧑‍⚕️ 사례 2-5 "온라인에서 일어난 일은 학교 일이 아니다?"

1학년 E양은 단체 채팅방에서 지속적인 조롱과 모욕을 당했다. 그러나 담임교사는 "온라인 문제는 학교 밖 일"이라며 개입하지 않았다. 결국 E양은 불안과 불면증으로 전학을 선택했다. 이 사건 이후 2024년 개정된 「학교폭력예방 및 대책에 관한 법률」은 SNS · 메신저를 통한 행위도 공식적인 학교폭력 범위에 포함시켰다(법제처, 2024).

이처럼 학교는 단순히 학생을 가르치는 교육기관이라는 기능을 넘어, 학생들의 정서적 안전망이 되어주는 기능을 강화해야 한다. 교사 한 명의 적극적인 개입이 피해자의 삶을 바꿀 수 있다는 사실을 잊지 말아야 한다.

3) 지역사회와 미디어의 영향

청소년은 지역사회와 미디어로부터 다양한 가치와 행동 양식을 학습한다. TV나 게임, SNS 속 폭력적 콘텐츠는 폭력을 정당화하거나 일상화할 위험이 있다 (Anderson & Bushman, 2001).

이는 도덕적 이완(moral disengagement) 현상의 대표적인 사례로, 온라인 익명성이 책임감을 약화시키고 폭력을 정당화하는 기제로 작용한다. 또 지역사회가 제 역할을 하지 못하면 피해자는 고립된다. 학교, 상담기관, 경찰, 지자체가 협력하여 통합적 보호 체계(community-based protection)를 갖추는 것이 필요하다.

 학교폭력이 남기는 심리적 · 사회적 영향

학교폭력은 피해자, 가해자, 방관자 모두에게 장기적인 상처를 남긴다. 그 영향은 단순히 학창 시절에만 그치지 않고 성인기 이후의 인간관계, 직업 적응, 사회적 신뢰감에도 깊이 영향을 미친다(한국청소년정책연구원, 2022).

1) 피해 학생의 장기적 후유증

피해 학생은 불안, 우울, 수면장애, 외상후 스트레스 장애(PTSD)를 겪을 수 있다. 특히 사이버폭력 피해는 24시간 지속되며, 심리적 피난처가 사라진 상태를 만든다.

사례 2-7 SNS 괴롭힘의 그림자

고등학교 1학년 G양은 자신의 사진이 조롱 밈으로 퍼진 후, 휴대전화 알림만 울려도 심장이 뛰고 손이 떨렸다. 상담 결과, 외상후 스트레스 반응이 나타나 치료를 받았다. 이는 디지털 폭력의 '끊임없는 재노출' 이 트라우마를 심화시킬 수 있음을 보여준다.

2) 가해 학생의 왜곡된 학습

가해 학생은 폭력을 통해 "힘으로 관계를 통제할 수 있다" 는 왜곡된 신념을 배우게 된다(Bandura, 1973). 이는 성인기에도 대인관계에서 통제적·조작적 태도를 보이게 할 수 있으며, 장기적으로 반사회적 행동(antisocial behavior)으로 이어질 위험이 크다.

중학교 2학년 H군은 친구를 괴롭히며 "약하면 당해도 싸다" 고 말했다. 그는 폭력을 '질서 유지 수단' 으로 인식하고 있었다. 상담 이후 공감 능력 향상 프로그램에 참여하면서 "힘보다 대화가 더 오래 간다" 는 인식을 조금씩 배우기 시작했다.

3) 방관자와 학교 공동체의 침묵

학교폭력의 또 다른 피해자는 방관자(bystander)이다. 방관자는 '개입하면 내가 표적이 될까봐' 두려워 침묵하지만, 그 침묵은 가해자에게 묵시적 동의를 주고, 피해자를 더욱 고립시킨다. 학급 내에서는 '모르는 척' 하는 문화가 생기며, 학생들은 서로를 신뢰하지 못하게 된다. 결국, 학교 전체의 심리적 안전감(psychological safety)이 붕괴되고, 학습 효율과 정서적 안정감 모두가 저하된다(김경준·이기영, 2019).

4) 사회적 비용과 파급 효과

학교폭력은 개인적 비극을 넘어 사회적 손실을 초래한다. 정신건강 치료비 증가, 학업 중단으로 인한 인적 자원 손실, 청소년 범죄율 상승 등 국가적 차원의 문제로 확장된다. 결국, 학교폭력 예방은 교육 차원의 과제를 넘어 국가의 사회안전망 강화 정책의 핵심 과제이다(교육부, 2024).

학교폭력은 결코 '문제아들의 일탈'이 아니다. 그 이면에는 정서조절 능력 결핍, 관계 기술 미성숙, 가정의 양육 태도, 학교의 대응 구조, 사회문화적 환경이 복합적으로 얽혀 있다. 이 장의 핵심 메시지는 다음 세 가지로 요약된다.

1. 학교폭력은 생태적 문제이다.

개인의 성격이나 의지만으로 해결할 수 없으며, 개인—가정—학교—지역사회가 하나의 생태계로 연결되어 있음을 인식해야 한다.

2. 예방은 관계 회복에서 시작된다.

감정 조절 교육, 공감 훈련, 회복적 대화 프로그램(restorative dialogue)은 폭력의 재발을 막고 신뢰를 복원하는 핵심이다.

3. 학교폭력의 대응은 곧 사회의 성숙도를 보여준다.

우리가 얼마나 약자를 보호하고, 타인의 고통에 공감할 수 있는가가 건강한 공동체의 척도가 된다.

이거 알아요?

☑ 예민한 사회문제인 학교폭력의 개념

2장에서는 가해 학생의 심리 분석 보고서 작성하기, 학교폭력이 가족관계에 미치는 영향 사례 연구하기, 피해 학생의 사회적 회복 사례를 찾아 발표하기의 과정을 거쳤다.

학교폭력은 한창 성장기에 있는 아이들의 상처가 전제 인생을 좌우한다는 점에서 일반 폭력과는 비할 바 없이 심각한 문제다. 그래서 스포츠나 연예계 스타가 수년이 지난 학교폭력 전력이 밝혀져 나락으로 떨어지는 일도 벌어진다. 그만큼 예민한 문제임을 사회 구성원 전체가 인식하고 있다는 뜻이다.

우선 개념을 확실하게 알아야

학교폭력은 '학교에서 가해지는 폭력' 또는 '학생에 의해 사람에게 행해진 폭력' 이라는 뜻으로 사용된다. 학교폭력의 법률적 정의를 따를 경우, 피해자가 학생이라면 장소가 학교 밖이거나 가해자가 성인이어도 학교폭력으로 규정한다.

그러나 대개는 성인이 저지른 학생 폭력 사건을 학교폭력이라고 하지는 않는다. 「학교폭력예방 및 대책에 관한 법률」(이하 '학폭 예방법)의 제2조는 학교폭력의 세부 정의에서 '학생'을 기준으로 삼는다. 성인이 가해자일 경우에는 형법과 아동학대범죄의 처벌 등에 관한 특례법 등이 적용되므로 학폭 예방법을 적용할 이유가 없다. 학교폭력의 정의는 학생을 대상으로 발생한 것이어서 성인이 학생에게 학교에서 폭행을 당한 경우 역시 학교폭력으로 볼 수 없다.

학교폭력을 따로 정의하는 이유는 절도나 도박 등 여타의 청소년 범죄와는 달리 피해자에게 직접 큰 고통과 상처를 주기 때문이다. 학생들에게는 하루에 8시간 이상 지내야 하는 학교생활이 일상의 가장 큰 부분을 차지한다. 학교폭력은 그런 일상을 지옥으로 만들어 피해자의 심신을 상하게 하는 건 기본이고, 심하면 어른이 되어서도 그 트라우마에서 벗어나지 못하고 평생 계속될 수 있으므로 더욱 심각하고 예민하게 받아들여진다.

교사에 의한 폭력도 학교폭력의 범주에 들어간다. 정당하지 않은 사유로 개별 또는 단체 체벌을 가하는 경우가 대표적인 사례인데, 최근에는 학생 인권 문제로 체벌이 금기시되어 가는 분위기여서 과거만큼 심각하지는 않다.

그런데 학교폭력 문제는 가해자가 피해자가 되기도 하고, 피해자가 가해자가 되기도 한다는 점에서 단순하지 않다. 처음에 자신보다 약한 학생한테 폭력을 행사한 학생이 자신보다 서열이 높은 학생한테 폭행당하는 경우도 드물지 않다. 또 반대로 처음에 서열이 높은 학생한테 폭력에 시달리던 학생이 그 패거리의 일원이 되어 자신보다 약한 학생을 괴롭히는 사례도 다수 확인된다.

“ 감정은 순간이지만,
법은 절차로 남는다.
준비된 절차만이
학생을 지킬 수 있다. ”

학교폭력에 적용되는 법적 절차와 내용,
관련 기관의 역할을 구체적으로 이해함으로써
공정하게 대응할 수 있도록 한다.

- 학교폭력 관련 법률과 제도적 절차 알아보기
- 특별교육 이수 제도의 법적 근거와 이의 파악
- 기관 간 협력 체계의 중요성 인식하기와 구별하기

학교폭력에 대한 법적 절차

01 학교폭력 관련 법과 제도

"도대체 어디서부터 어떻게 신고해야 하나요?"

이렇듯 학교폭력 사건이 발생하면 관련 학생과 학부모 대부분은 혼란에 빠진다. 학교폭력은 감정적 문제로만 접근할 수 없으며, 명확한 법적 절차와 제도적 대응 체계를 통해 처리되어야 한다.

학교폭력 관련 법은 학교폭력예방법을 중심으로 한다. 이 법은 2004년 제정된 이후, 디지털 폭력, 사이버 따돌림, 학교폭력 피해자 보호 확대 등을 위해 계속 개정되어왔다.

[표 3-1] 학교폭력에 관련 법률

주요 법	주요 내용
학교폭력예방법	사이버폭력 · SNS 괴롭힘 포함, 피해자 보호 강화, 가해자 특별교육 의무화
아동복지법	정서적 학대, 방임 포함한 아동보호 기준 강화
청소년기본법	청소년 권익 보호 및 복지 증진을 위한 국가 책임 명시
정보통신망법	온라인상 모욕, 개인정보 침해에 대한 형사 처벌 가능
학교안전사고예방법	학교 내 안전사고 및 폭력사건 예방 책임 강화

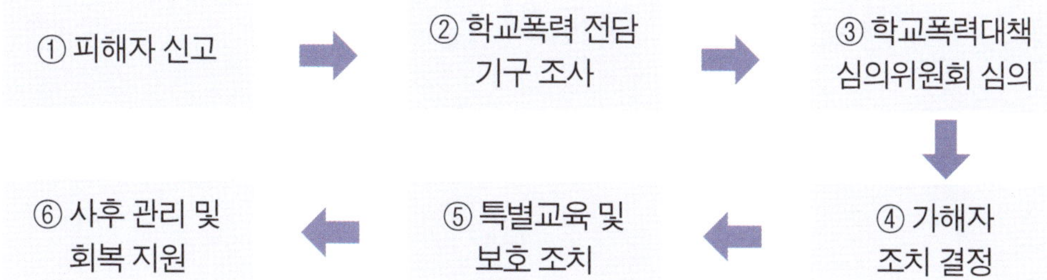

[그림 3-1] 학교폭력 대응의 법적 절차 흐름도

교육부(2024)는 법 개정을 통해 피해자의 심리적 보호를 위한 심리상담비·의료비·전학 지원금 제도를 신설했으며, 가해자에 대해서는 '특별교육 이수' 및 '보호자 교육'을 의무화하여 가정 책임 강화형 모델로 전환하였다.

사례 3-1 사이버폭력에 대한 법적 대응

중학교 2학년 A양이 SNS 단체방에서 모욕적인 발언을 계속하여 당한 사례에서, 학교는 2024년 개정된 법에 따라 이를 '학교폭력'으로 판단하고, 가해 학생에게 특별교육 5시간, 피해 학생에게 심리치료 및 상담 지원 조치를 내렸다. 이 사례는 온라인 행위도 실질적 폭력으로 간주되는 최근 법적 인식 변화를 잘 보여준다.

02 특별교육 이수 제도의 법적 근거

학교폭력 사안에서 가해 학생에 대한 조치는 단순한 처벌을 넘어 교정 교육과 관계 회복의 기회로 삼아야 한다. 학교폭력의 근본적인 해결은 징계의 강도보다 행동 변화와 사회적 책임 학습을 통해 재발을 방지하는 교육적 접근에 달렸다. 이러한 취지에서 특별교육 이수 제도가 도입되었다.

1) 법적 근거

학교폭력예방법 제17조 제1항은 학교폭력대책심의위원회가 가해 학생에게 내릴 수 있는 조치의 종류를 명시한다. 그중 제1항 제7호에서는 다음과 같이 규정한다.

제17조(가해 학생에 대한 조치)

① 학교의 장 또는 교육지원청의 장은 학교폭력대책심의위원회의 심의 결과에 따라 가해 학생에 대하여 다음 각호의 어느 하나에 해당하는 조치를 할 수 있다.

7호. 특별교육 이수 또는 심리치료를 받을 것.

② 제1항 제7호에 따라 특별교육 또는 심리치료를 명받은 가해 학생의 보호자에게도 그와 같은 교육을 함께 받을 것을 명할 수 있다.

즉, 법은 학교폭력 행위에 대한 대응을 징계에 한정하지 않고, '특별교육' 과 '심리치료' 를 통해 행동 교정과 관계 회복을 촉진하는 교육적 조치로 제도화하고 있다.

[표 3-2] 특별교육 이수 제도의 법적 근거

구분	내용
법적 근거	학교폭력예방법 제17조(가해 학생 조치) 제1항 제7호
목적	가해 학생의 폭력 행동 원인 분석 및 재발 방지 교육
대상	학교폭력대책심의위원회가 특별교육이 필요하다고 판단한 학생 및 보호자
실시 기관	교육지원청 산하 Wee센터, 지정 전문 기관((사)한국심리상담복지학회)
내용	분노 조절 훈련, 공감 · 의사소통 교육, 회복적 대화 훈련 등
이수 미이행 시	출석 정지, 전학 등 행정 조치 가능

2) 제도의 목적과 취지

특별교육 이수 제도의 핵심 목적은 다음 세 가지로 정리된다.

(1) 교육적 교정(educational correction)

가해 학생이 자신의 행동이 타인에게 미친 영향을 성찰하고, 폭력의 원인과 결과를 인식하도록 돕는다. 단순히 "잘못했다"는 자백이 아니라, '왜 그런 행동을 했는가', '다음에는 어떻게 달라질 수 있는가'를 학습하는 과정이다.

(2) 관계 회복(relational restoration)

학교폭력은 개인의 일탈이 아니라 관계의 왜곡에서 비롯된다. 따라서 특별교육은 피해자에 대한 사과와 보상뿐 아니라, 또래 관계 재구성 및 공동체 내 회복적 대화(restoration dialogue)를 포함해야 한다.

(3) 재발 방지 및 사회적 책임 학습(prevention & responsibility learning)

폭력 행동의 반복을 막기 위해 분노 조절, 의사소통, 공감 능력, 갈등 해결 기술 등을 교육한다. 이는 단순 처벌보다 재사회화(resocialization) 효과가 높다는 점에서 국제적으로도 권장되는 회복적 접근이다(UNESCO, 2019).

3) 제도 운영의 실제

(1) 운영 주체

특별교육은 시·도 교육청 산하의 「학교폭력 피해·가해 학생 특별교육센터」나 위탁기관(예: Wee센터, 상담복지센터, 전문 상담 기관)에서 실시한다.

(2) 이수 의무

가해 학생은 지정된 기간 내에 교육과정을 성실히 이수해야 하며, 미이수 시 「학교폭력예방법 시행령」 제19조에 따라 불이익(조치 미이행에 따른 재심의 또는 추가 조치)이 발생할 수 있다.

(3) 보호자 동반

보호자 또한 자녀의 행동 변화를 지원하기 위해 공동교육 이수 의무를 부여받을 수 있다. 이는 가족 차원의 재발 방지를 위한 가정 내 지도 책임을 강화하는 취지이다.

(4) 교육 내용

학교폭력의 원인 이해 및 법적 책임, 감정·분노 조절 훈련, 피해 공감 훈련 및 사과의 기술, 회복적 대화와 갈등 해결 훈련. 공동체 의식 및 시민 윤리 교육.

이러한 프로그램은 단발성 강의가 아니라, 상담·체험·과제 수행이 결합된 회복 중심 학습 과정으로 설계된다.

4) 회복적 정의 관점에서의 의의

특별교육 이수 제도는 단순한 법적 의무가 아니라 '회복적 정의(restorative justice)'의 실천 장치로 기능한다. 즉, 가해 학생이 피해자의 고통을 이해하고, 피해자는 자신의 회복 과정을 존중받으며, 학교 공동체는 재발 방지를 위한 새로운 관계 규범을 형성하게 된다. 이 과정은 단순한 징계의 종결이 아니라 학교 공동체의 신뢰 회복과 정의 실현의 출발점이 된다.

결국, 특별교육 이수 제도는 '가해 학생을 벌주는 제도'가 아니라, '잘못된 행동을 통해 배우고, 관계를 회복하며, 다시 공동체로 돌아가는 길을 여는 제도'이다. 학교폭력 대응은 처벌의 종착점이 아니라 회복과 성장의 과정이어야 하며, 이 제도는 그러한 교육적 정의(educational justice)를 실현하기 위한 법적 기반이 된다.

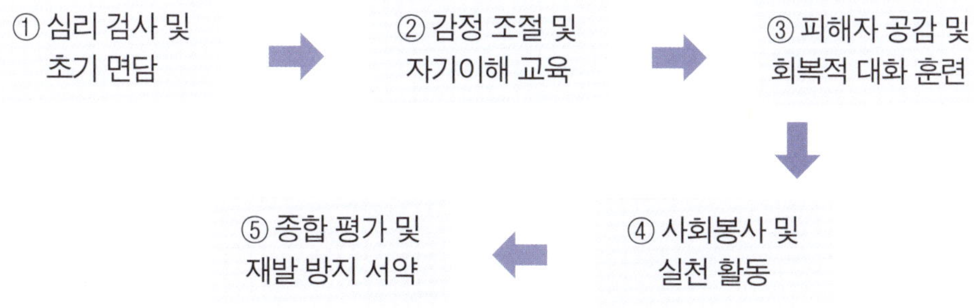

[그림 3-2] 특별교육 이수 프로그램 구조도

사례 3-2 특별교육 후 변화된 태도

고등학생 B군은 친구를 폭행해 특별교육을 받은 이후에 자각했다. "내가 왜 그랬는지를 처음 알게 됐다." 그리고는 자발적으로 학교 내 갈등 조정 활동에 참여했다. 이는 교정적 교육이 단순 처벌보다 효과적임을 보여주는 실제 사례다.

03 기관별 역할과 협력 체계

　학교폭력 대응은 단일 기관의 노력만으로 해결될 수 없는 복합적 사회문제이다. 피해 학생의 보호와 가해 학생의 교정, 재발 방지, 관계 회복을 위해서는 **학교-교육청-경찰-법원-상담기관-지역사회-학부모**가 모두 유기적으로 협력해야 한다. 특히 사건의 발생 전(예방 단계), 발생 중(대응 단계), 발생 후(회복 및 재발 방지 단계)로 구분하여 각 기관의 역할을 명확히 하고, 정보 공유 및 지원체계를 통합적으로 운영할 필요가 있다.

1) 예방 단계(사건 발생 전)

(1) 학교
　학교폭력 예방 교육 실시, 또래 관계 증진 프로그램 운영, 위기 징후 조기 발견 및 상담 연계

(2) 교육청
　학교폭력 예방 정책 수립 및 지도·감독, 전문 상담 인력 및 외부 전문기관과의 연계 체계 구축

(3) 경찰

학교전담경찰관(SPO)을 중심으로 학교 방문 예방 교육, 위험 학생·지역 모니터링 강화

(4) 지역사회 및 상담 기관

청소년 복지센터, 청소년 상담복지센터 등과 연계하여 고위험군 학생에 대한 조기 개입 및 상담 지원

(5) 학부모

가정 내 관심과 지도 강화, 자녀의 학교생활에 대한 정기적 소통 및 예방 교육 참여

2) 대응 단계(사건 발생 시)

(1) 학교

최초 신고 접수, 학교폭력 전담 기구의 사실 조사, 피해 학생 보호 조치(분리, 심리상담, 학급 이동 등) 및 가해 학생 임시 조치

(2) 교육청

조사 과정의 공정성 및 적법성 점검, 전문 기관 및 외부 위원 지원, 학교폭력대책심의위원회 운영

(3) 경찰

범죄 혐의가 있는 경우 형사 절차에 따라 수사 진행, 피해자 진술 보호, 학교·교육

(4) 법원

소년보호사건 또는 형사사건에 대한 판결 · 명령, 교육이수명령 및 사회봉사명령 등의 교정 조치

(5) 상담 기관

피해자 심리 안정 및 회복 상담, 가해 학생 교정 상담, 관계 회복 프로그램 지원

(6) 지역사회

지역 내 청소년 지도 위원, 자치단체 청소년부서 등을 통한 공동 대응 및 보호 네트워크 가동

(7) 학부모

피해 · 가해 학생 보호 및 상담 참여, 학교와의 협조적 태도 유지

3) 회복 및 재발 방지 단계(사건 이후)

(1) 학교

피해 학생의 학습권 보장, 관계 회복 중심의 생활지도, 피해 재발 예방 관리

(2) 교육청

회복적 생활교육 정책 확대, 관계 회복 중심 프로그램 보급 및 모니터링

(3) 경찰 및 법원

사건 종결 후 보호관찰 및 지역사회 복귀 지원 연계

(4) 상담기관

장기 상담 및 추후 관리, 학교 내 회복적 대화 · 집단상담 운영

(5) 지역사회

청소년 복지 프로그램과 연계하여 학교 적응력 회복지원

(6) 학부모

자녀의 정서적 안정 지원 및 지속적 소통 유지

4) 협력 체계의 핵심 원칙

(1) 정보 공유의 투명성

기관 간 피해 · 가해 학생 정보, 조치 결과, 재발 위험도 등을 실시간으로 공유할 수 있는 시스템 구축

(2) 역할 분담의 명확성

각 기관의 기능 중복을 방지하고, 행정적 · 법적 절차의 효율성을 높임

(3) 상호 신뢰 기반의 연계

기관 간 책임 전가를 방지하고 공동의 목표(학생 보호와 회복)를 중심으로 협력

(4) 전문성 강화

교사 · 경찰 · 상담사 등 실무자의 전문성 제고를 위한 지속적 교육 및 협의체 운영

☑ 신속하고 체계적이고 정확한 처리 절차

3장에서는 학교폭력 대응 절차 도식화하기, 특별교육 이수 제도 실제 사례 분석하기, 교육청 · 경찰 · 학교의 역할 분담을 표로 정리하기 등의 과정을 거쳤다.

학교폭력에 대한 대응으로는 정성적 접근도 중요하고 필요하지만, 기본적으로는 법적 절차도 확실하게 이행해야 피해자에게 2차 피해 등의 억울한 일이 생기지 않게 된다. 학교폭력 문제 해결은 법적 대응 절차와 준비가 결과를 좌우한다. 학교폭력은 단순히 학생 간의 일시적인 갈등에 그치지 않고 피해 학생과 가족의 삶 전체에 장기적인 영향을 줄 수 있는 중요한 문제이다. 따라서 신체적 피해와 정신적 상처뿐 아니라 학업 성취, 친구 관계, 심지어 사회적 신뢰까지 영향을 받을 수 있으므로 사건이 발생하면 체계적이고 정확한 대응이 필요하다.

학교폭력 사안 처리 절차

① 학교폭력 인지 및 신고　　　　　④ 학폭위 개최 및 심의

② 학교의 초기 조사　　　　　　　⑤ 결정 통보

③ 학교폭력 대책심의위원회(학폭위)개최 요청　　⑥ 사후 관리 및 교육

―사안 접수 및 초기 대응

피해 학생의 분리 의사에 따라 가해 학생을 최대 7일 동안 분리하고, 2차 가해 행위를 금지한다. 양측 동의하에 관계 회복 프로그램을 운영할 수 있다.

―사실 확인 및 사안 조사

먼저 학교에서 사실확인서를 접수하고, 사안에 따라 교육지원청 담당관이 추가로 사실확인

서를 접수한다. 그 과정에서 피해자와 목격자 면담을 한다.

- 학교장 자체 해결 요건 충족 여부 심의

학교장 자체 해결 요건을 충족하고 피해자 측이 동의하면 학교장이 자체 해결하고, 그렇지 않으면 교육지원청 학교폭력대책심의위원회로 사건이 넘어간다.

- 심의위원회 개최 및 조치 결정

교육장은 사안의 정도, 가해자의 반성 정도, 양측의 합의 정도를 고려하여 가해 학생에 대한 조치 수위를 결정하고 해당 학교에 통보한다.

- 조치 이행, 조치 결정, 생기부 기재

피해 · 가해 학생은 조치를 이행하고, 혹 조치에 이의가 있으면 행정심판이나 행정소송 등의 불복을 제기할 수 있다.

"교육은 처벌의
대안이 아니라
변화의 기술이다."

학교폭력 예방을 위한 전문 교육의
필요성을 인식하고 프로그램 운영 방안과
교육 변화의 출발점을 모색한다.

- 학교폭력 예방 전문 교육의 개념과 목적 설명하기
- 효과적인 프로그램 구성요소 설계하기
- 전문 인력의 역할과 자질 파악하기

전문 교육을 통한 개선 노하우

01 전문 교육의 개념과 설립 목적
— 무엇을 왜 가르치는가?

1) 왜 전문 교육인가

학교폭력 대응에서 처벌은 즉각적 억제 효과를 볼 수 있지만, 재발을 막고 공동체를 회복시키는 데는 한계가 있다. 전문 교육(특별교육 · 회복적 교육)은 가해 학생의 행동 원인 탐색, 피해 학생의 심리적 안정 확보 그리고 학급 · 학교 공동체의 신뢰 회복을 목표로 한다. 최근 교육 현장에서는 특별교육을 단발성 처벌이 아니라 '학습 · 치유 · 관계 회복'이 결합된 통합적 개입으로 설계하는 흐름이 확산되고 있다(교육부, 2024).

2) 전문 교육의 개념

전문 교육은 학교폭력 가해 · 피해 학생에게 행동의 원인을 자기성찰적으로 이해시키고, 대체적 해결 기술(감정 조절 · 공감 · 비폭력적 의사소통 등)을 학습시켜 재발을 예방하며, 궁극적으로는 관계의 회복을 돕는 교육적 개입이다. 이때 교육은 단순한 강의가 아니라 실습 · 역할극 · 회복적 대화 · 가정 연계 등 참여형 · 체험형 방식으로 설계되어야 한다. 최근 교육부 지침과 교육지원청의 운영 사례는 이러한 '회복+교육'

모델을 표준으로 제시한다.

3) 설립 목적

- 재발 방지

폭력 행동의 촉발 요인(충동성, 적대적 귀인 등)을 교정한다.

- 피해 회복

피해 학생의 심리적 안정 및 안전 보장을 지원한다.

- 관계 복원

가해 · 피해 학생과 학급 · 교사의 상호 신뢰를 회복하고, 공동체 규범을
재정립한다.

- 시스템 연계

가정 · 학교 · 지역상담센터(Wee센터 등)와 연계하여 지속적인 사후 관리를
가능하게 한다.

02

운영 체계와 프로그램 구성의 실제 운영

1) 표준 프로그램 모델

학교·교육지원청 수준에서 실무로 운용 가능한 표준 프로그램 모델(8주형)이다. 학교 상황·사안의 중대성에 따라 기간과 내용은 탄력적으로 조정할 수 있다([표 4-1] 참고).

[표 4-1] 표준 특별교육(8주형)

주차	핵심 목표	주요 활동	참여자(권장)
1주차	초기 안정화 및 규약 설정	개별 면담(심리검사), 신뢰 규약 만들기	상담사, 교사, 학생
2주차	감정 인식 훈련	분노·불안 인식 워크숍, 감정 일기 쓰기	상담사, 그룹
3주차	충동 관리 기술	호흡·타임아웃·대체 행동 실습	상담사, 교사
4주차	공감 훈련	역할극(피해자 시점 체험), 공감 반성문	전원
5주차	의사소통 기술	"I-메시지" 연습, 갈등 해결 스킬	전원
6주차	회복적 서클(대화)	피해자-가해자(비공개) 회복 대화(조정자 포함)	제한적 참여
7주차	사회적 책임 실천	지역 봉사·학교 기여 프로젝트 수행	학생, 사회복지사
8주차	종합 평가 및 추적계획	사후 계획 수립, 보호자 교육	학교·Wee센터

2) 프로그램의 핵심 구성 요소

(1) 초기 평가(진단)

심리검사(예 : 분노 척도, 공감 척도, 우울 · 불안 선별)와 면담을 통해 개입 필요성과 난이도를 결정한다. 초기 평가는 맞춤형 개입 설계의 기초다. Wee센터 등은 표준화된 검사지를 제공하고, 지역 상담 인력과 연계해 평가를 지원한다.

(2) 기술 훈련(감정 · 충동 · 의사소통)

분노 조절(감정 인식 → 신체 반응 조절 → 대체 행동 실행)과 의사소통(비폭력적 언어 사용, 요청 · 거절 훈련) 기술은 재발 방지의 근간이다. 실습 위주의 반복 학습이 필요하다.

(3) 회복적 실천(서클 · 대화)

회복적 서클은 피해 회복과 공동체 신뢰 회복에 효과적인 방법이다. 구조화된 질문(“당신은 이 일로 무엇을 잃었나요?”, “앞으로 무엇이 필요합니까?” 등)을 통해 피해자의 목소리를 중심에 두고 가해자의 책임을 자발적으로 끌어낸다.

(4) 가정 및 지역 연계

보호자 교육(양육 태도, 재훈육법)과 지역 상담기관 연계는 학교 내 개입의 지속성을 가능하게 한다. 가정 참여를 초기부터 설계하면 이수율 · 효과성이 높아진다(중소기업청).

다음 그림에서는 각 단계 사이에 ‘증거 보전’, ‘비밀 보장’, ‘보호 조치’ 아이콘을 표기한다. 이 도식은 실무자가 한눈에 흐름을 파악하도록 돕는다.

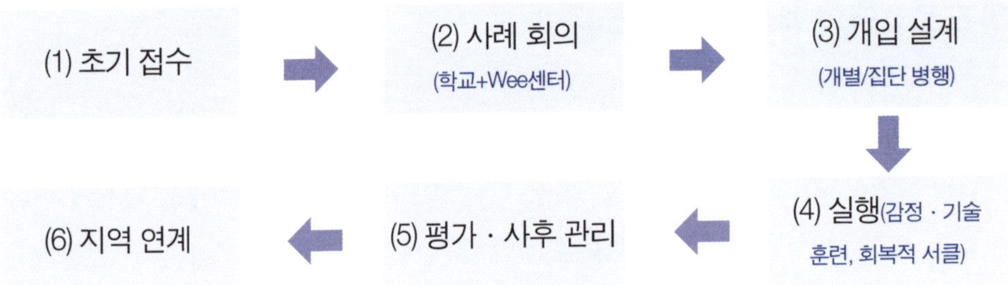

[그림 4-1] 전문교육 운영 프로세스

03 전문 인력과 역할
― 누가 무엇을 해야 하는가?

1) 전문 교육

전문교육은 다학제팀의 협력이 핵심이다. 아래 표는 권장 인력 구성과 핵심 역량이다.

[표 4-2] 추천팀 구성 및 핵심 역할

직종	핵심 역할	필요 역량
상담심리사	심리 평가 · 개인 상담 · 치료계획 수립	임상 · 청소년 상담 자격, 트라우마 개입 능력
학교 상담사/교사	수업 내 행동 관찰 · 일상적 지도	교실 관리 · 회복적 대화 기본 훈련
사회복지사	가정 · 지역 연계, 자원 탐색	사례 관리 · 네트워크 구축 능력
회복적 실천가	서클 진행 · 대화 촉진	회복적 질문 기술, 중재 능력
정신건강전문가(의사)	약물 · 진료 연계(필요 시)	청소년 정신의학 전문성
교육행정(학폭담당장학사)	법적 절차 · 행정 지원	법 · 제도 이해, 조사 관리 능력

2) 인력 훈련

- 모든 참여자는 회복적 질문법, 비폭력 대화(NVC), 트라우마 민감 접근에 대한 기본 훈련을 받아야 한다.
- 퍼실리테이터(Facilitator)는 최소 2일 이상의 회복적 서클 진행자 워크숍을 권장(국내 관련 협회 · 단체에서 워크숍 운영)

[변화의 과정 보여주기]

사례 4-1 회복적 서클로 관계를 회복한 중학교 사례

① **배경 :** 중2 학생 4명이 한 학생을 따라다니며 온라인 모욕을 퍼뜨리고 오프라인에서 배제함. 피해 학생은 등교 거부 상태.

② **개입 :** 학교는 Wee센터와 협력해 6주 프로그램을 운영(평가 →감정 훈련→회복적 서클→사후 관리). 회복적 서클은 피해 학생의 안전을 최우선으로 비공개 진행되었고, 가해 학생은 피해에 대한 진정한 사과와 실천 약속을 작성.

③ **결과 :** 3개월 후 피해 학생의 출결이 회복되었고, 가해 학생들의 또래 관계 성향이 개선(교사 관찰 기록 · 자기보고서 개선). 지역 전문 기관의 후속 상담으로 장기 추적을 계획. 이 사례는 회복적 접근이 **피해자의 목소리 우선** 원칙에 따라 실질적 회복을 가능하게 함을 보여준다.

사례 4-2 특별교육(감정 조절 중심) 이수 후 행동 변화

① **배경 :** 고등학생 S군은 충동적 물리적 폭력을 반복. 학폭심의위원회가 특별교육 10시간을 명령.

② **개입 :** 감정 인식 → 충동 통제(호흡 · 타임아웃) → 대체 행동 실습 → 가정 연계(보호자 교육 2회).

③ **결과 :** 교육 후 6개월 간 유사 사건 재발 없음. S군은 자원봉사를 통해 책임감 실천 활동을 수행. 상담사 · 교사의 관찰 기록과 학교생활기록부의 행동 평가에서 개선이 확인됨.

04　학습 활동

(1) 활동 A : 감정 인식 워크숍 (60분)

- **목표 :** 자신의 감정 신호(몸 · 생각 · 행동)를 알아채기.
- **절차**

  - 짧은 명상(5분) → 몸의 감각 체크.
  - 감정 카드(기쁨 · 분노 · 불안 등)에서 지금 느끼는 감정 고르기(10분).
  - 소그룹 토의 : 해당 감정이 들 때 신체 · 생각 · 행동은 어떻게 변하는가? (25분)
  - 전체 공유 및 '대체 행동' 아이디어 도출(20분).
- **교사용 노트 :** 교사는 안전한 분위기 조성(비난 금지, 기밀 유지)을 사전 약속해야 함.

(2) 활동 B : 회복적 질문 연습(서클 연습) (90분)

- **목표 :** 비난이 아닌 호기심과 책임을 이끌어내는 질문법 익히기.
- **절차**

  퍼실리테이터(교사/상담사) 시연 후, 소그룹(사례별)로 회복적 질문을 작성하고
  롤플레이.
- **예시 질문**

  "이번 일로 누구에게 어떤 영향을 주었나요?"
  "앞으로 무엇이 달라져야 할까요?"

05 평가와 관리
—프로그램의 효과를 어떻게 확인할 것인가?

전문 교육의 효과성 평가는 다층적 지표로 접근해야 한다.

(1) 심리적 지표(개인 수준)

• **사전 · 사후 검사 :** 분노 척도(예: STAXI), 우울 · 불안 선별지(예: PHQ-9, GAD-7 변형)
공감 척도 등.

(2) 행동적 지표(학교 수준)

• 출결 변화, 징계 건수, 교내문제 재발률(6개월 · 12개월 재발 추적)

(3) 관계 · 공동체 지표

• 학급 내 신뢰도 설문, 피해학생의 안전감 지표, 교사 · 보호자의 만족도.

(4) 프로그램 충실도

• 매 세션 체크리스트(활동 유형 · 시간 · 참여율)를 통한 수행 정도 평가.

(5) 정성적 자료

• 사례 보고서, 인터뷰, 관찰 기록 등.

실증적 근거를 위해 가능하면 표준화된 도구를 사용하고, 데이터 수집 시 윤리(사전 동의 · 비밀 보장)를 철저히 준수해야 한다.

06 실행 팁과 주의사항

(1) 피해자 우선 원칙

회복적 대화는 피해자의 안전과 참여 의사 확인이 최우선이다. 피해자가 불편해하면 절대 강행하지 말아야 한다.

(2) 비밀 보장과 기록 관리

조사 · 교육 과정에서 생성된 자료는 법적으로 민감한 자료가 될 수 있으므로 안전하게 보관한다.

(3) 가정 참여 설계

보호자의 협력은 교육 성공률과 직결된다. 초기부터 보호자 교육을 설계하라.

(4) 전문가 연계

트라우마가 의심되면 정신건강 전문의와 연계해야 한다(약물치료 등 필요 시).

(5) 문화 · 정서적 민감성

프로그램은 학생의 문화 · 언어 · 발달 수준에 맞춰 조정되어야 한다.

전문 교육의 목표는 '처벌'이 아니라 '학습과 회복'이다. 정확한 진단→ 맞춤형 개입→ 회복적 실천→ 사후 관리의 흐름이 중요하다. 다학제팀과 지역 연계(Wee센터 등)가 없으면 개입의 지속성과 효과가 약화된다. **프로그램은 반드시 사전 · 사후 평가**를 포함해 효과를 검증하고 개선해야 한다.

[학습 활동]

- 워크시트 A : 감정일지(일주일) 템플릿(시간 · 상황 · 감정 · 대체 행동).
- 워크시트 B : 회복적 질문 목록(교사용 · 학생용).
- 평가 템플릿 : 사전 · 사후 설문(간단 10문항), 충실도 체크리스트(세션별).

☑전문 교육이 필요한 학교폭력 대응

4장에서는 학교폭력 예방 프로그램 기획안 작성하기, 전문 인력의 직무 분석표 만들기, 운영 사례 비교 분석하기를 살펴보았다.

전문 교육은 교사 한 사람의 열정만으로는 지속하기 어렵다. 제도적 지원(시간 · 인력 · 예산)과 지역사회 협력이 필요하다. 이 장에서 제시한 모델과 활동은 교재용 '기본 틀'이다. 각 학교의 여건에 맞게 조정하고, 무엇보다 피해자 안전 우선의 원칙을 지키며 실행하는 것이 좋다.

사건 발생 시 가정 먼저 취해야 할 긴급조치

학교폭력이 발생하면 가장 먼저 해야 할 전문 행동은 '피해 학생의 보호 긴급조치'다. 학교장은 사건을 인지한 즉시 특별한 경우가 아니면 가해자(교사 포함)와 피해 학생을 분리해야 하며, 피해 학생이 긴급 보호를 요청하는 경우에는 필요한 조치를 해야 한다. 그 조치에는 학내외 전문가에 의한 심리 상담 및 조언, 일시 보호, 치료 및 치료를 위한 요양 등이 포함된다.

또 이때 학교장은 학교폭력대책심의위원회(이하 '심의위원회')에 즉시 보고해야 한다. 위 조치 등 보호가 필요한 학생에 대해 학교장이 인정하면 그 조치에 필요한 결석을 출석 일수에 포함하여 계산할 수 있다.

피해 학생뿐 아니라 가해 학생에 대한 긴급조치도 필요하다. 학교장은 사건을 인지한 즉시 보복 행위와 같은 2차 가해 행위의 금지를 조치해야 한다. 또 학교장은 피해 학생의 보호와 가해 학생의 선도 · 교육이 긴급하다고 판단되면 필요한 조치를 각각 또는 동시에 부과하고 심의위원회에 즉시 보고하여 추인을 받는다. 피해 학생에 대한 서면 사과, 학교에서의 봉사, 학내외 전문가나 교육감이 정한 기관에 의한 특별교육 이수 또는 심리치료, 출석정지, 학급 교체 등이 조치에 포함된다. 다만, 학교장이 위와 같이 조치한 때에는 가해 학생과 그 보호자에게 이를 통지해야 하며, 가해 학생이 이를 거부하거나 회피하는 때에는 「초 · 중등교육법」 제18조에 따라 징계한다.

제2부

관행과 고정관념 그리고 편견 버리기

*

폭력은 방위하고자 생각하는 것,
즉 인간의 존엄, 생명, 자유를 파괴합니다.
폭력은 실사회의 체제를 파괴하므로
인류에 대한 범죄입니다.

- 요한 바오로 2세

분노 · 공격성 · 비행 행동 이론과
회복적 정의 개념을 통해 폭력의 악순환을 끊는
새로운 해결책을 찾는다.

- 분노 관리의 기법을 이해하고 제시하기
- 공격성과 비행 행동 이론 설명하기
- 회복적 정의의 핵심 개념을 실천 관점에서 응용하기

근본적인 해결을 위한 대안법

01

분노 관리

1) 왜 대안적 접근이 필요한가?

학교폭력 대응에서 흔히 사용되는 방식은 즉각적인 징계나 처벌이다. 그러나 이러한 접근은 단기적으로 문제 행동을 억제할 수는 있으나, 장기적인 재발 방지, 피해 학생의 심리적 회복, 학급·학교 공동체 내 신뢰 회복에는 한계가 있다. 특히 청소년기는 뇌 발달과 사회적 경험이 미성숙한 상태이므로, 충동 조절이나 공감 능력의 부족으로 공격적·비행 행동이 나타나기 쉽다(Steinberg, 2019). 따라서 단순 처벌이 아닌, 청소년 발달 심리를 이해하고, 행동 원인을 분석하며, 회복적 정의 원칙에 기반한 관계 회복 중심의 개입이 필수적이다.

단순히 '잘못했으니 벌을 준다' 는 접근보다, 청소년의 발달적 특성과 행동 원인, 관계 회복까지 종합적으로 고려한 개입이 효과적임을 이해하도록 돕는다.

2) 분노란 무엇인가?

분노(anger)는 위협, 부당함, 상실, 좌절을 경험할 때 생기는 자연스러운 정서다. 하지만 조절되지 않은 분노는 공격, 폭력, 관계 단절로 이어질 수 있고, 특히 청소년기에는 학교폭력과 직결되기도 한다. 따라서 '분노를 없애는 것' 이 아니라 '분노를 인식하고, 건강하게 다루는 법을 배우는 것' 이 중요하다.

　분노는 추구하던 목표나 욕구가 외부 혹은 내부 요인에 의해 방해받거나 자아가 침해 또는 위협받는다고 인식할 때 발생하는 정서적 반응으로, 생리적 각성(심장 박동이 빨라짐), 인지적 평가(내게 부당하다는 인식), 그리고 행동 경향(항의하고 싶다거나 반응하고 싶다는 의지)을 포함하는 복합적 상태이다(이순배, 2020).

　인지적 측면에서 분노는 타인의 행동을 적대적 또는 의도적으로 해석하는 '귀인 편향' 을 포함하며, 이러한 편향이 과도하게 작용할 때 분노의 강도나 지속이 증가한다(Richard et al. 2022).

　신경생물학적 관점에서는 분노 발생 시 편도체(amygdala)의 반응이 증가하고, 이를 억제하는 전전두피질(prefrontal cortex)의 기능 또는 이 두 영역 간 연결성이 저하된 상태가 분노 조절 실패 및 충동적 공격성과 관련이 있다(Richard et al. 2022).

　분노는 단순한 부정적 감정만이 아니라 부당한 대우·좌절·목표 방해 등에 대한 반응이다. 즉, 자기방어적 기능이나 갈등 해결의 신호로 작용할 수 있다(Kjærvik, 2024).

　그러나 이러한 분노가 인지적 왜곡(극단적 일반화)이나 과도한 생리적 각성 상태에서 통제되지 않고 표출될 경우, 대인관계 손상·신체·정신건강 악화 등의 부정적 결과를 초래할 수 있다(Richard et al. 2022).

　청소년기에 분노가 빈번한 이유는 자아 형성기 특유의 감정 변동, 충동성, 사회적 관계 갈등 때문이다. 이 시기에 건강한 분노 표현을 배우지 못하면 학교폭력, 언어 폭력, 자기 파괴적 행동으로 발전할 가능성이 있다.

3) 분노의 6가지 유형과 관리 전략

　다음은 청소년의 실제 사례를 기반으로 한 분노 유형별 이해·특징·관리 전략에 대한 설명이다(Potter-Efron, 2016: 한국청소년상담복지개발원, 2023:학교폭력 예방 프로그램 사례 종합).

(1) 돌발성 분노

① **정의 및 특징** : 감정이 갑자기 폭발하는 즉각적 분노, 충동적이며 통제하기 어려움

② **주요 원인** : 좌절감, 통제 상실, 즉각적 자극(모욕, 비난)

③ **대표 행동 양식** : 소리 지르기, 물건 던지기, 즉시 폭력으로 연결

④ **학교폭력 관련 사례** : 친구가 놀리자 주먹을 휘두른 중학생 A, 감정 조절 미숙으로 즉각적 폭행 발생

⑤ **효과적인 관리 전략** : 즉시 호흡 · 이완 훈련, 분노 신호(몸 반응) 인식, '타임아웃' 활용(장소 이탈), CBT 기반 충동 통제 훈련

(2) 잠재적 분노

① **정의 및 특징** : 겉으로는 조용하지만 내면에 분노가 누적됨

② **주요 원인** : 억압된 감정, 불만 표현 어려움

③ **대표 행동 양식** : 무표정, 냉소, 뒤에서 비난, 소극적 저항

④ **학교폭력 관련 사례** : 억울함을 표출하지 못하던 학생 B가 SNS 뒷담화 · 따돌림 주도

⑤ **효과적인 관리 전략** : 감정표현 교육('I-메시지'), 감정 일기 · 표현 카드 훈련, 대화기술 · 주장 훈련(assertive communication)

(3) 생존성 분노

① **정의 및 특징** : 위협 · 학대 경험에서 비롯된 자기 방어형 분노. 공격이 방어기제로 작동

② **주요 원인** : 과거의 위협 · 상처(가정폭력 · 따돌림 경험 등)

③ **대표 행동** : 타인 의심, 공격 선제 행동, "내가 먼저 사고치면 안전해"

④ **학교폭력 관련 사례** : 과거 괴롭힘을 당한 C가 "먼저 때려야 안 맞는다" 며 선제공격

⑤ **효과적인 관리 전략** : 트라우마 치유 상담, 안전감 회복 프로그램, 신뢰관계 형성
중심 접근

(4) 체념성 분노

① **정의 및 특징** : 무력감 · 좌절이 쌓여 "어차피 안 변해" 라는 냉소적 분노

② **주요 원인** : 반복된 실패 · 비난 경험

③ **대표 행동 양식** : 냉소, 무관심, 학습된 무기력, 자기비하

④ **학교폭력 관련 사례** : 교사 지적에 "어차피 내가 해도 소용없어요" 라며 태도

⑤ **효과적인 관리 전략** : 자기효능감 회복 활동, 성공 경험 설계(작은 과제)
인지재구성, '변화 가능성' 강화

(5) 수치심 기반 분노

① **정의 및 특징** : 수치심 · 자기 비난이 타인 공격으로 전환됨

② **주요 원인** : 모욕, 창피, 열등감

③ **대표 행동 양식** : 모욕적 반응에 과도한 폭력, 자기혐오

④ **학교폭력 관련 사례** : 친구가 외모를 놀리자 "죽을래?" 폭언 · 폭행한 D

⑤ **효과적인 관리 전략** : 자기수용 훈련(자존감 향상), 비판 상황 대처 기술, 긍정적
자기 대화 훈련

(6) 버림받음 기반 분노

① **정의 및 특징** : 관계 단절 · 외로움 · 버려졌다는 감정에서 기인

② **주요 원인** : 애착 불안, 상실 경험, 무관심한 환경

③ **대표 행동 양식** : 집착 · 통제적 태도, 감정 폭발

④ **학교폭력 관련 사례** : 친구가 다른 친구와 놀자 "날 버렸어!"라며 폭력적인
   행동을 한 E

⑤ **효과적인 관리 전략**: 애착 · 관계 회복 상담, 사회 기술훈련(친구 관계 다양화),
   감정 표현 훈련(섭섭함을 '요청' 으로 표현)

4) 분노의 유형별 이해

• **돌발형**은 즉각적 충동 조절이 핵심→ 신체감각 인식 훈련(심박, 근육 긴장)과 호흡법이다.

• **잠재형**은 감정 표현 기술 부족→ 안전하게 감정을 말하는 방법을 배워야 한다.

• **생존형**은 과거의 상처가 현재의 과도한 방어로 나타남→ 신뢰 관계 형성과 트라우마 회복이 우선이다.

• **체념형**은 무력감 속에 분노가 잠재→ 변화 가능한 부분을 찾아주고, 작은 성공을 경험하게 한다.

• **수치심형**은 자존감 낮음과 연결→ 자기수용 · 긍정적 자기 대화 훈련이 중요하다.

• **버림받음형**은 관계 상실 · 애착 불안→ 대인관계 기술과 정서적 안정감 회복이 필요하다.

5) 사례 학습 (학교폭력 연계형)

[표 5-1] 학교폭력 연계형 사례 학습

사례	상황 요약	분노유형 분석	대처전략 적용
1	중학생 A는 친구가 농담으로 "너 공부 못하잖아" 라고 하자 즉시 밀치고 욕설함.	돌발성 분노	타임아웃 전략, 즉각 호흡 조절, CBT식 사고 점검 ("그 말이 나를 망치진 않아")
2	중3 B는 계속 무시당한다고 느껴 SNS에 친구 험담 게시. 직접 대화는 회피.	잠재적 분노	감정 표현 훈련, SNS 대체행동 계획 세우기 (말로 표현하기 연습)
3	가정폭력을 겪은 C는 사소한 장난에도 주먹을 들어 "먼저 안 때리면 내가 맞아" 라고 말함.	생존성 분노	안정화 프로그램, 신뢰 상담 관계, 공격 대신 방어 감소 기술 훈련
4	고1 D는 반복된 시험 실패로 "난 포기야" 라며 교실에서 소란·욕설.	체념성 분노	목표 세분화, 작은 성공 경험 제공, 자기효능감 강화
5	외모 놀림을 받은 E가 "넌 나보다 낫다고 생각해?" 라며 폭행.	수치심 기반 분노	자존감 회복 상담, 긍정적 자기 확언, 비판 대처 기술
6	친구가 다른 모임으로 옮기자 "날 버렸어" 라며 울고 분노 폭발.	버림받음 기반 분노	감정 표현 훈련, 대인관계 확장, '섭섭함을 표현하는 언어' 훈련

6) 분노 관리 훈련 핵심 기술

[표 5-2] 분노 관리 훈련 핵심 기술

분노 관리	설명	적용 예시
감정 인식 훈련	신체 반응(심장박동, 땀, 근육 긴장)을 통해 분노의 시작을 자각	"내 얼굴이 뜨거워질 때가 화가 시작될 때야."
호흡 · 이완법	깊은 복식호흡으로 생리적 각성 낮추기	4초 들이마시고, 6초 내쉬기
인지재구성	"상대가 나를 무시했다" → "그냥 장난일 수도 있다" 식으로 생각 재해석 사고	기록표 작성
타임아웃 기법	화가 날 때 잠시 자리를 떠나 진정	10초 멈추기, 자리 바꾸기
문제 해결 기술	분노 상황→ 문제 정의→ 해결 방안 탐색 → 실행	친구 갈등 시 '싸움 대신 말하기 계획' 세우기
사회기술 · 의사 소통 훈련	주장적 대화법(I-메시지) 사용	"너 때문에 화났어" 대신 "그 일이 속상했어"

아하! 그렇구나

- 분노는 나쁜 감정이 아니라 경고 신호이다. 단, 분노가 통제 불가능한 폭력으로 이어질 때는 인지 · 정서 · 행동 수준의 개입이 필요하다.

- 학교에서는 분노유형별 맞춤 프로그램을 적용한다.

  - 돌발형 · 생존형은 충동 · 안전 중심으로 훈련

  - 잠재형 · 체념형은 표현 · 자기효능감 강화

  - 수치심형 · 버림형은 자존감 · 관계 회복 상담을 중심으로 운영

- 교사 · 상담자는 학생의 분노 뿌리(원인)를 파악하고, 처벌보다 회복적 접근을 지향한다.

02

발달 심리 관점
─왜 청소년은 공격 행동을 반복하는가?

1) 청소년기의 발달적 특성과 공격 행동

청소년기는 자아정체성(ego identity)이 형성되는 중요한 시기이다(Erikson, 1968).이 시기의 학생들은 "나는 누구인가?", "나는 어떤 존재로 인정받고 싶은가?"라는 질문 속에서 자기 개념을 확립해 나간다. 하지만 정체성 확립 과정에서 자기 확신의 부족과 사회적 인정 욕구가 강하게 나타나며, 때로는 이를 충족하기 위해 공격적이고 위험한 행동을 시도하기도 한다.

또 전두엽 발달 미숙으로 인해 충동 조절 기능이 완전히 성숙하지 않아 순간적인 분노나 자극에 따라 행동하는 경향이 크다. 더불어 공감 능력이 아직 충분히 발달하지 않아 타인의 고통이나 감정을 이해하는 능력이 낮다. 이러한 심리적·신경생물학적 요인이 복합적으로 작용하면서, 청소년기는 공격 행동이 빈번히 발생하는 발달적 과도기로 볼 수 있다.

2) 발달적 원인에 따른 폭력 행동

(1) 사례

중학교 2학년 J군은 반 친구들 사이에서 자신의 존재감을 확인받고 싶어 했다. 처음에는 친구를 놀리거나 사소한 장난을 치며 웃음을 유도했으나, 친구들이 그 행동을 재미있어하고 반응을 보이자 점점 행동의 수위가 높아졌다. 결국, 특정 친구를 지속적으로 괴롭히는 수준에 이르러 학교폭력 사안으로 발전했다.

(2) 분석

J군의 행동은 자아정체성의 불안정과 또래 집단의 강화 경험이 결합된 전형적인 발달심리적 공격 행동이다. 즉, J군은 자신의 존재 가치를 확인받기 위해 힘과 지배를 수단으로 삼았으며, 또래들이 보이는 웃음과 관심이 긍정적 강화로 작용하여 공격 행동을 반복하게 되었다.

3) 발달 심리 기반 개입 전략

발달 단계에서 비롯된 공격 행동은 단순히 '규율 위반'으로만 다뤄서는 교정이 어렵다. 다음 전략들은 청소년의 발달적 특성을 고려하여 교육적·심리적 개입을 유도하는 방법이다.

[표 5-3] 청소년의 발달적 특성을 고려한 교육적 · 심리적 개입 방법

개입 영역	주요 내용	적용 예시
1. 자기 인식 훈련	자신의 감정, 충동, 생각을 스스로 인식하고 조절하는 능력을 기르도록 지도	감정 일기 쓰기, '화가 날 때 내 몸의 반응은?' 활동, CBT 기반 감정 조절 훈련
2. 공감 능력 강화	피해자 시점에서 상황을 바라보고, 타인의 감정을 이해하도록 체험 활동 구성	역할극 · 영상 시청 후 피해자 입장에서 감정 기록하기, 공감적 대화 연습
3. 도덕적 추론 증진	행동이 타인과 공동체에 미치는 영향을 스스로 분석하게 함	'내 행동이 친구에게 어떤 영향을 줬을까?' 반성 토론, 도덕적 딜레마 사례 토의
4. 사회적 기술 학습	공격 대신 대화, 타협, 도움 요청 등의 대안을 학습	비폭력적 의사 표현 방법, 갈등 상황에서 말하기 · 듣기 기술 훈련

출처 : 이순배 외(2001) 분노 관리 융합과 소통의 기술 재정리

교육 포인트

청소년의 공격 행동을 교정하는 목표는 단순한 '벌' 이 아니라 '자기 이해→ 타인 이해→ 관계 회복' 의 순환 구조를 경험하도록 돕는 것이다.

아하! 그렇구나

청소년기의 폭력 행동은 단순한 비행이 아니라 발달과정에서의 불균형으로 이해할 필요가 있다. 즉, '충동은 빠르게 성장하지만 공감은 늦게 자란다' 는 점이 핵심이다. 이 시기의 청소년에게 필요한 것은 처벌보다는 자기조절과 공감 능력의 학습, 그리고 건강한 또래 관계 경험이다. 이를 통해 학생은 자신의 행동이 타인에게 미치는 영향을 깨닫고, 폭력 대신 소통과 존중의 방식으로 관계를 맺는 법을 배울 수 있다.

03

공격성과 비행 행동 이론
—행동은 왜 반복되는가?

1) 행동의 반복은 '학습된 결과'이다

학교폭력 가해 행동은 단순히 성격의 문제나 '나쁜 습관'으로만 볼 수 없다. 많은 연구에 따르면(Bandura, 1977: Patterson, 1982), 청소년의 공격적 행동은 관찰, 모방, 강화의 과정을 통해 학습되고 유지된다. 즉, 한 번의 폭력적 행동이 주변의 반응을 통해 성공 경험으로 해석되면, 그 행동은 강화되어 반복된다. 이처럼 공격성과 비행 행동은 '학습된 사회적 행동(Socially Learned Behavior)'으로 이해해야 한다.

2) 사회학습이론

(1) 핵심 개념

사람은 타인의 행동을 관찰하고, 그 결과를 모방하며, 그 행동이 보상을 받으면 동일한 행동을 학습하게 된다(Bandura, 1977). 청소년은 또래, 미디어, SNS, 게임 등을 통해 공격 행동을 쉽게 관찰할 수 있다. 특히 또래 집단 안에서 공격적 행동이 인정·칭찬을 받으면, 해당 행동은 '사회적 성공의 전략'으로 인식되어 반복될 가능성이 크다.

(2) 사례

중학교 1학년 H군은 온라인 게임에서 폭력적 장면과 공격적인 언행을 자주 접했다. 게임속에서 승리할 때마다 '강한 자가 인정받는다' 는 인식이 강화되었고, 실제 학교에서도 친구를 위협하거나 놀리는 행동을 보였다. 친구들이 "멋있다", "세 보인다" 는 말을 하자, H군은 이러한 행동을 계속 반복했다.

(3) 분석

H군은 관찰(게임 속 폭력) → 모방(학교에서 유사 행동) → 강화(또래의 인정)의 과정을 통해 공격 행동을 학습한 전형적인 사례다. 즉, 폭력 행동은 단순한 충동의 산물이 아니라 사회적 환경 속에서 형성된 학습 결과이다.

3) 공격성 · 충동 조절 이론

(1) 핵심 개념

청소년기의 공격성은 신경생물학적으로 전두엽 발달 미숙과 관련된다. 전두엽은 감정조절, 충동 억제, 장기적 결과 예측을 담당하는 뇌 영역으로, 20대 초반에 완전히 성숙된다. 따라서 아직 전두엽이 미성숙한 청소년은 순간적인 감정 자극에 과민하게 반응하고, 행동의 결과를 충분히 고려하지 못한 채 즉각적 해결을 시도한다. 이러한 특성은 학교폭력 상황에서 '즉각적인 공격' 으로 이어지기 쉽다.

(2) 사례

 고등학교 1학년 S양은 친구와 사소한 말다툼을 하던 중 분노를 참지 못하고 상대방의 팔을 밀쳤다. 이후 "나도 모르게 손이 나갔다" 고 진술했다.

(3) 분석

S양의 사례는 전형적인 충동적 공격 행동으로, 상황적 자극에 대한 즉각적 반응과 조절 실패가 결합된 형태다. 이는 단순히 '성격이 급해서' 가 아니라 발달적 · 신경학적 요인에 기반한 행동 양상이다.

4) 비행 행동 · 강화 학습 이론

(1) 핵심 개념

인간의 행동은 보상(긍정적 강화)과 처벌(부정적 강화)에 따라 형성되고 유지된다 (Skinner, 1953). 공격적 행동이 어떤 형태로든 내적(심리적 만족) 또는 외적(또래의 인정, 물질적 이득) 보상을 받게 되면, 그 행동은 습관화되어 '비행 행동' 으로 발전한다. 학교폭력의 경우, 가해자는 폭력을 통해 힘, 통제감, 우위라는 심리적 보상을 얻으며, 이러한 경험이 반복될수록 폭력은 일상적 행동 패턴으로 자리잡는다.

(2) 사례

 중학교 3학년 K군은 친구의 용돈을 빼앗으며 '내가 이 집단의 중심' 이라는 우월감을 느꼈다. 피해자가 두려워하는 모습을 보고 으쓱했고, 주변 친구들이 따르는 분위기 속에서 자신이 '인정받는다' 고 느꼈다. 그 결과, 금품 갈취가 반복되며 습관화되었다.

(3) 분석

K군은 공격 행동을 통해 외적 보상(또래의 존경, 금전)과 내적 보상(우월감, 통제감)을 동시에 경험했다. 이러한 강화 경험이 누적되며 폭력은 '**보상받는 행동**' → '**학습된 행동**' → '**반복되는 비행 행동**' 으로 발전했다.

청소년의 폭력 행동은 학습된 결과이자 강화된 패턴이다. 따라서 예방과 개입은 처벌 중심의 접근보다 '잘못된 학습을 수정하고 올바른 행동을 강화하는 교육적 개입' 으로 이루어져야 한다.

5) 시각 자료

다음 그림과 같이 공격 행동은 단발적 사건이 아니라 사회적 환경 속에서 반복적으로 학습되고 유지되는 순환 구조를 가진다. 이 순환을 끊기 위해서는 보상 구조의 재설계, 즉 폭력적 행동이 인정받고 보상받는 환경을 바꾸는 것이 시급하다.

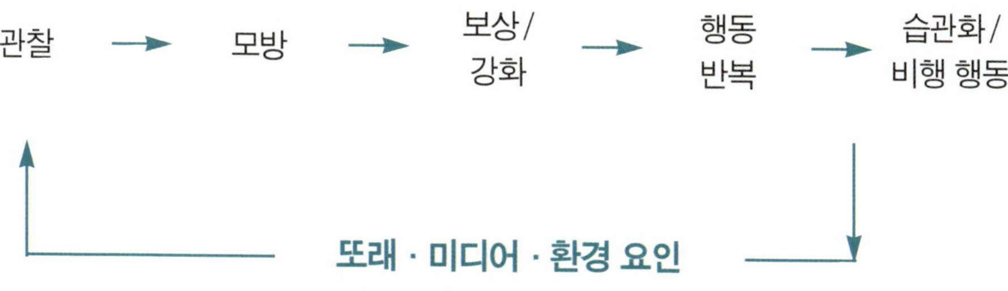

[그림 5-1] 공격 행동의 학습 · 강화 과정 모형

학교폭력을 개인의 '나쁜 의도' 보다는 학습된 사회적 행동의 결과로 이해할 때, 비로소 교육적 개입이 가능해진다. 교사와 상담자는 학생이 폭력을 통해 얻는 보상 구조를 분석하고, 이를 건강한 대안 보상(관계 회복, 긍정적 인정)으로 대체하도록 지도해야 한다. 이러한 관점 전환이 '처벌 중심 대응' 에서 '학습 교정 중심의 예방교육' 으로 나아가는 첫걸음이 된다.

04 회복적 정의와 관계 회복 이론
—벌보다 회복을

1) 회복적 정의의 개념

회복적 정의(restorative justice, RJ)는 단순히 '가해자를 처벌하는 정의' 가 아니라 피해자의 회복과 공동체의 신뢰 복원, 그리고 가해자의 책임 인식과 행동 변화를 목표로 하는 접근법이다(Zehr, 2002). 징계 중심의 전통적인 대응은 '규칙 위반 → 처벌 → 종결' 의 구조이지만, 회복적 정의는 '**피해 발생 → 관계 회복 → 공동체 치유 → 재발 방지**' 라는 순환적 회복 과정을 중시한다.

처벌보다 회복(repair)

배제보다 관계 복원(reconnection)

규율보다 책임(responsibility)

2) 회복적 정의의 기본 원리

(1) 회복적 정의의 기본 원리와 적용 예시
① **피해자 우선**(victim first) : 피해자의 안전과 감정적 회복을 최우선으로 고려하며,

참여 여부와 속도는 피해자의 의사에 따른다. 예로는 피해자의 감정, 진술권 보장, 안전 공간 확보 등이다.

② **책임 인식**(accountability) : 가해자가 자신의 행동이 초래한 결과를 명확히 인식하고, 말과 행동으로 책임을 표현한다. 예로는 가해자의 직접 사과문 작성, 피해자 앞에서 피해 영향 진술 듣기 등이다.

③ **관계 복원**(relationship repair) : 피해자―가해자―공동체 간의 신뢰와 상호존중 회복을 목표로 한다. 예로는 회복적 서클이나 중재 회의 진행 등이 있다.

④ **미래 행동 약속**(future plan) : 재발 방지를 위한 구체적 행동 계획 수립 및 실천 점검이다. 예로는 '나의 변화 약속서', 담임·상담교사와의 모니터링 협약 등이 있다.

(2) 교육적 의의

회복적 정의는 처벌을 '끝'이 아닌 '시작'으로 보고, 학생이 책임을 통해 성장할 기회를 제공한다.

3) 회복적 정의의 절차

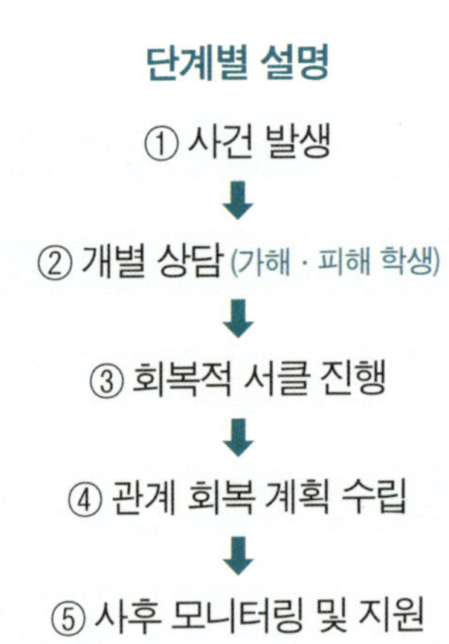

[그림 5-2] 회복적 정의 프로세스

[표 5-4] 회복적 정의의 절차

단계	주요 내용	담당 주체
① 사건 발생	학교폭력 또는 갈등 사건 인지, 사안 조사 전 단계에서 회복적 접근 가능 여부 검토	담임교사, 전담기구
② 개별 상담	피해자에게 심리적 안정 제공, 가해자에게는 책임 인식 지도	지도상담교사, 전문상담사
③ 회복적 서클 진행	피해자·가해자·교사·동료가 참여하여 감정, 피해, 기대 등을 공유하는 대화의 장	회복적 실천 전문가, 담임교사
④ 관계 회복 계획 수립	구체적인 사과, 행동 변화 약속, 공동체 회복 활동 계획	가해·피해 학생 공동 작성
⑤ 사후 모니터링	일정 기간 관계 변화 및 재발 여부 점검, 긍정적 행동 강화	담임·상담교사, 학급 구성원

4) 사례 : 회복적 서클 적용

(1) 사례 개요

① 피해 학생 K양 : SNS에서 모욕성 글을 지속적으로 당해 등교 거부 상태
② 가해 학생 L군 : '장난이었다' 는 인식, 피해의 심각성을 인지하지 못함

(2) 과정 요약

① **개별 상담** : K양은 모욕으로 인한 수치감·불안 호소, L군은 자신의 행동을 '가벼운 농담' 으로 인식함

② **회복적 서클 진행** : 교사, 상담사, 학급 대표 동석. K양은 "학교에 오기 무서웠다" 고 진술. L군은 처음으로 피해자의 감정을 직접 듣고 침묵함

③ **책임 인식 및 사과** : L군은 "내 말이 상처가 될 수 있다는 걸 몰랐다" 며 진심 어린 사과, '행동 개선 약속서' 작성

④ **관계 회복 계획 수립** : L군은 온라인 게시물 삭제 및 사과문 게시, K양은 "사과를 받아들이고 싶다" 는 의사 표명

⑤ **사후 모니터링**(3개월 후) : K양 등교 정상화, 학급 내 교류 회복, 담임 · 학생회 중심의 '언어예절 캠페인' 전개

(3) 결과 분석

회복적 서클은 감정의 교류와 책임의 자각을 통해 상호 이해를 이끌어내며, '관계 단절→ 회복적 대화→ 신뢰 재구축' 으로 이어지는 변화를 보여주었다.

5) 회복적 정의의 교육적 효과

(1) 피해자 측면 : 감정적 회복, 안전감 회복, 자기표현 기회 제공

(2) 가해자 측면 : 피해 인식 향상, 책임감 강화, 재발 방지 의지 상승

(3) 학급 공동체 : 상호 존중 문화 형성, 집단 내 신뢰 증진, 폭력 예방 분위기 조성

※교사의 역할

교사는 판단자가 아니라 대화의 조력자로서, 학생들이 서로의 감정을 이해하고 관계를 복원하도록 돕는 중재자의 위치에 서야 한다.

6) 회복적 정의 실천의 핵심 메시지

학교폭력의 진정한 해결은 징계의 종료가 아니라 관계의 회복이다. '벌보다 회

복' 이라는 관점은 학생에게 책임감과 공감의 경험을 통한 성장의 기회를 제공한다. 회복적 정의는 피해자·가해자 모두가 공동체의 일원으로 다시 서게 하는 교육적 정의이다.

회복적 정의는 학교폭력 대응의 패러다임을 '벌주는 학교' 에서 '함께 회복하는 학교' 로 전환하는 교육 철학이다. 피해자는 존중받고, 가해자는 책임을 배우며, 교사는 중재자가 된다. 이러한 접근은 학생들에게 '관계 속에서 배우는 정의' , 즉 진정한 의미의 인간적 성장과 공동체 회복을 경험하게 한다.

05 회복 프로그램 적용 사례 및 학교 실천 모델

1) 학교 현장에서의 회복적 정의 실천의 필요성

학교폭력 사안의 대부분은 '징계 이후 관계 미복원' 으로 인해 재발, 고립, 2차 피해로 이어지는 경우가 많다. 따라서 회복적 정의(RJ)는 단순한 사건 종결이 아닌 '관계의 회복과 공동체의 회복' 을 목표로 하는 교육적 개입 방식으로 자리 잡아야 한다.

인식 전환

"누가 잘못했는가?" 에서

"무엇이 손상되었고, 어떻게 회복할 수 있는가?" 로

2) 학교 회복 프로그램의 기본 구조

[표 5-5] 학교 회복 프로그램

구분	프로그램 단계	주요 내용	담당 주체
1단계	인식 및 공감 교육	학생 · 교직원 대상 RJ 기초교육 회복적 정의 개념, 언어, 대화 규칙 학습	학교폭력 전담기구, 상담교사
2단계	사건 초기 대응	갈등 상황의 조기 탐지 및 중재 교사 · 학생 간 회복적 대화 기법 적용	담임교사, 생활지도부

3단계	회복적 서클 운영	피해자 · 가해자 · 관계자 참여 대화 진행감정 표현, 피해 이해, 책임 공유	RJ 전문 진행자, 상담교사
4단계	관계 회복 및 공동체 실천	사과 · 화해 · 공동 활동을 통한 신뢰 회복 봉사활동, 협력 프로젝트 등 실행	담임, 학급 공동체
5단계	사후 모니터링	관계 유지 및 재발 방지 점검, 정기적 상담, 긍정 행동 피드백	상담교사, 생활지도부

출처 : 한국청소년 정책연구(2022), 청소년 회복 프로그램 효과성 분석 보고서 재구성

도식 요약 :

(1) 이해 → (2) 대화 → (3) 회복 → (4) 재통합

RJ는 '관계의 순환적 회복 구조' 를 갖는다.

3) 학교 회복 프로그램 사례

(1) 사례 1 : 언어 폭력 사건의 회복적 대화 적용

① 배경 : 중학교 2학년 A군이 SNS 단체방에서 B양을 비하하는 발언을 함.

② 대응 : 담임교사와 상담교사는 즉시 양측을 분리 상담 후, 회복적 서클 진행

③ 진행 과정 : B양은 "내가 친구들에게 조롱당하는 느낌이었다"고 감정 진술.

A군은 "장난이었다" 는 태도에서 "그 말이 상처가 될 줄 몰랐다" 는 자각으로 변화.

A군은 사과문 작성 후, 학급에서 '언어예절 포스터 캠페인' 기획에 참여.

④ 결과 : B양은 심리적 안정 회복 및 학급 복귀, A군은 행동 변화 및 반 친구들로부터 신뢰 회복.

⑤ 분석 : 회복적 대화를 통해 '피해자의 감정' 이 드러나고, '가해자의 책임' 이 언어로 명확히 표현되면서 관계 회복이 가능했다.

(2) 사례 2 : 신체 폭력 사건의 회복적 서클 운영

① 배경 : 체육시간 중 사소한 충돌이 폭행으로 확대

② 개입 : 학교폭력대책자치위원회 절차 이전에 RJ 적용 시범

④ 과정 요약

피해자는 "무서웠다"는 감정을 표현했고, 가해자는 "그때 내가 얼마나 화가 났는지만 생각했다"고 반성했음

⑤ 사후 결과 : 피해 학생의 등교 회복 및 학급 내 재통합, 가해 학생의 자기조절 능력향상, 담임교사와의 관계 개선.

⑥ 분석 : 신체적 폭력이라 하더라도, 감정 공유 → 사과 → 행동 변화 계획을 거치면 징계와 회복의 병행 모델로 기능할 수 있다.

4) 회복 프로그램 운영을 위한 학교 실천 모델

(1) 조직 체계 구축

[표 5-6] 학교 회복 프로그램 운영을 위한 학교 실천 모델

구성	역할
학교폭력 전담 기구	회복적 절차 도입 및 사례 관리, RJ 연계 교육 기획
상담교사 및 전문상담사	회복적 대화 · 서클 진행, 피해자 · 가해자 심리 지원
담임교사	학급 내 회복 문화 조성, 긍정적 피드백 제공
학생자치회	회복 캠페인, 갈등 조정 멘토단 운영
학부모위원회회	복적 문화 확산을 위한 협력 및 공동 실천 지원

출처 : 한국회복적 정의협회, 학교 회복 프로그램 재구성

(2) 학교 문화 차원의 접근

[5-7] 학교문화 차원의 접근

영역	실천 전략	예시
학급 문화	회복적 언어 사용, 대화 규칙 설정	'서로의 감정을 존중하는 말하기' 규칙 카드
학교 규범	징계 규정에 RJ 절차 병행 명시	'사과 · 대화 참여 시 징계 경감 가능' 조항
교육과정 연계	인성 · 도덕 · 창체 수업에 RJ 활동 포함	피해 공감 토의, 갈등 해결 프로젝트 수업
홍보 · 캠페인	회복 주간 운영, 학생 포스터 제작	"벌보다 회복" 캠페인, 벽보 전시

출처 : 한국회복적 정의협회, 학교 회복 프로그램 재구성

5) 회복 프로그램 운영 시 유의점

(1) 피해자 중심 원칙 : 강요된 대화는 2차 피해를 유발할 수 있으므로, 피해자의 참여 의사 반드시 존중

(2) 진정성 확보 : 가해자의 반성과 사과가 형식적이지 않도록 교사의 충분한 사전 지도 필요

(3) 중립적 진행 : 진행자는 양측의 감정을 동일하게 경청하고, 판단보다는 촉진에 집중

(4) 사후 관리 : 회복 이후에도 일정 기간 행동 · 관계 추적 모니터링 필요

(5) 비밀 보장 : 대화 내용은 공동체 회복 목적 이외의 용도로 공개 금지

6) 학교폭력 대응 전환

다음 그림과 같이 학교폭력 대응은 '사건 중심' 에서 '관계 중심' 으로 이동하면서, RJ는 단순 개입이 아니라 학교 문화 전환의 핵심 축으로 작용한다.

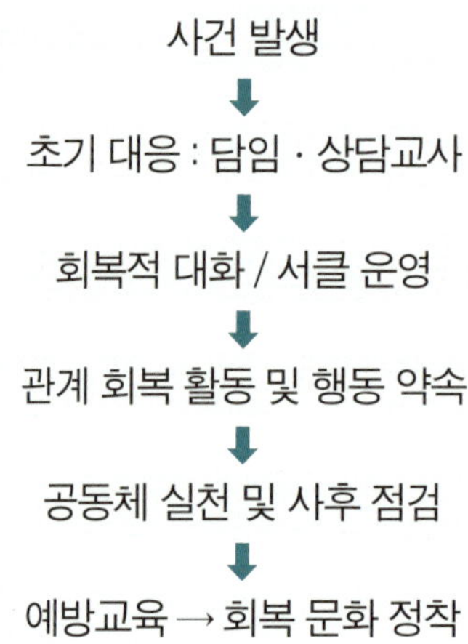

[그림 5-4] 학교 회복 프로그램 통합 모형

6) 회복적 정의 프로그램의 성과 및 기대 효과

회복적 정의는 학교폭력 사건 처리의 방법이 아니라 학교문화 혁신의 철학이다. RJ 프로그램은 학생이 자신의 행동을 성찰하고, 타인을 이해하며, 관계를 다시 세우는 경험을 제공한다. 이러한 경험은 단순한 징계보다 훨씬 깊은 학습 효과를 가지며, 학교 공동체 전체가 '함께 성장하고 치유하는 공간' 으로 나아가게 한다.

[표 5-8] 회복적 정의 프로그램의 성과

영역	구체적 변화
학생	공감력 향상, 자기통제력 강화, 관계 유지 기술 발달
교사	갈등 중재 역량 향상, 징계 부담 완화, 교육적 만족도 상승
학교공동체	신뢰와 존중의 문화 조성, 폭력 재발률 감소, 긍정적 학교 풍토 확립

출처 : 한국청소년 정책연구(2022), 청소년 회복 프로그램 효과성 분석 보고서 재구성

첫째, 학교폭력은 청소년 **발달미숙, 강화 학습, 사회적 요인**이 복합적으로 작용한 결과이다.

둘째, 단순 처벌보다는 **관계 회복과 책임 인식 중심의 개입**이 재발 방지와 공동체 회복에 효과적이다.

셋째, 회복적 정의는 **피해자 중심, 가해자 책임 인식, 관계 회복, 미래 행동 약속**을 핵심 원칙으로 한다.

넷째, 발달심리, 공격성 · 비행 행동 이론, 회복적 정의 원리를 통합하면 **지속적 · 체계적 폭력 예방과 개입**이 가능하다.

이거 알아요?

☑ 학교폭력에 대응하는 어른들의 자세

"벌로는 변화가 오래가지 않지만, 이해와 책임을 통한 회복은 성장으로 이어진다."

학교폭력에 대응하는 어른들이 새겨들어야 할 말이다.

5장에서는 분노 조절 프로그램 모의 실행하기, 공격성 이론에 기반한 사례 분석하기, 회복적 대화 시나리오 작성해 보기라는 구체적인 대응 과정을 살펴보았다.

아이는 어른의 거울이다.

상담 전문가들은 자아 정체감 확립을 위해 친구와의 관계가 얼마나 중요한지 강조한다. 청소년들의 일상은 부모를 비롯한 가족과의 관계가 시작이지만 하루 대부분을 학교에서 보낸다. 아이들은 학년이 바뀌면서 학급만 바뀌어도 새로운 환경과 친구 관계 그리고 학업 부담으로 불안해하고 긴장한다. 이미 그것만으로도 과도한 스트레스로 배앓이, 두통, 수면장애, 호흡곤란 등의 신체 이상을 호소하는 아이들이 많다. 게다가 아이들과 학부모 모두를 힘들게 하는 것이 있으니 바로 학교폭력이다.

콜버그에 따르면 도덕성은 3수준 6단계로 구분되는데 전 인습 수준에는 벌을 받으면 말을 듣는 1단계와 자신의 욕구만을 충족하는 2단계가 있고, 인습 수준에는 좋고 친절한 사람이 되고 싶은 3단계, 그리고 법을 지키고 준수하는 4단계가 있다. 마지막 후 인습 단계는 법에는 없어도 사회적으로 합의가 된 5단계, 그리고 누구나 지켜야 할 것을 지키는 보편적 수준의 6단계가 있다.

학교폭력은 대개 1~2단계의 도덕성으로, 학교에 가기 전에 배운 규칙과 약속만으로도 충분히 지킬 수 있는 기초적인 도덕성이다.

많은 학생이 학업 스트레스, 가족 안에서 겪은 폭력 경험을 다른 장소, 다른 대상에게 되푼다. 앨버트 반두라의 사회학습이론(1977)에 따르면 폭력적인 장면을 본 아이들은 그렇지 않은 아이들에 비해 폭력을 사용할 가능성이 훨씬 큰데 '모델링 효과' 때문이다. 아이들이 어른들의 행동을 보고 무의식 중에 따라 한다는 것이다.

학교폭력대책심의위원회의 보고서에 따르면 학교폭력도 범죄성과 잔인성이 성인범죄 뺨치는 경우가 드물지 않다. 그리고 무엇보다 부조리한 것은 피해자가 가해자로, 가해자가 피해자로 둔갑하는 경우가 상당하다는 것이다. 대개 힘 있는 부모들의 농간이 개입한 경우다. 학교폭력 사건에서 가해 학생으로 지목된 아이가 가장 많이 하는 말이 "억울하다"는 것이다. 이때 가해 학생 부모의 태도가 중요하다. 아이를 맹목적으로 감싸고 도는 태도는 결국 아이를 망친다는 걸 알아야 한다.

학교폭력 예방을 위해서는 평소 아이들과 대화가 되어야 한다. 처벌하는 부모가 아닌 기다리고 격려하는 부모가 되어야 하며, 성적보다는 자녀의 존재 자체에 감동하는 부모여야 한다.

학교는 공부만 하는 장소가 아니며 사회성을 배우는 장소이기도 하지만 그 사회성의 시작과 모델은 결국 부모와 교사 그리고 지역사회 어른임을 명심해야 한다.

또 처벌 만능은 부정적인 행동을 일시적으로 제거하겠지만, 긍정적인 효과를 가져오지 못한다. 학교폭력은 처벌보다는 해결을 위해 서로의 상처를 위로하고, 자신도 보호하는 회복적, 정의적인 방법이 필요하다.

**가해자를
단죄하는 것이 아니라
다시 인간으로 세우는 일이다.**

특별교육은 벌을 주는 것이 아니라 문제의 근본 원인을 이해하고
행동과 관계를 회복하는 종합적 교육임을 이해한다.
특별교육의 구조와 방법을 살펴보고, 회복적 접근을 통해
예방과 치료의 균형을 이루는 방법을 살펴본다.

- 통합적 개입 접근의 개념 설명하기
- 회복적 서클과 대화 기법 응용하기
- 예방과 치료의 조화를 이룬 교육 전략 수립하기

제6장

특별교육은 이렇게 한다

01 통합적 개입 접근

학교폭력 문제를 다룰 때 흔히 선택하는 방식은 '벌주기'나 '출석 정지' 같은 즉각적 처벌이다. 하지만 이런 접근은 단기적으로는 행동을 억제할 수 있어도, 학생의 내면적 변화, 피해자의 회복, 학급 공동체 신뢰 회복에는 거의 도움이 되지 않는다. 특히 청소년은 발달적 특성상 충동 조절과 공감 능력이 미숙하고, 또래 집단의 영향력이 강한 시기이므로, 공격적이거나 비행적인 행동이 반복될 가능성이 높다 (Steinberg, 2019).

따라서 특별교육은 단순한 처벌을 넘어서, 가해 학생의 행동 교정과 책임의식 강화, 피해 학생의 심리적 안정과 학습 회복, 학급 공동체 내 관계 회복까지 포괄하는 통합적 접근이 필요하다.

1) 통합적 개입의 필요성

학교폭력은 단일 요인으로 설명될 수 없는 복합적 현상이다. 발달적 미숙(충동 · 정체감), 공감 능력 부족, 또래 압력, 온라인 환경의 영향 등 다양한 심리 · 사회적 요인이 동시에 작동한다 (Steinberg, 2019: Kim & Lee, 2022).

따라서 단순 징계(처벌)로는 행동의 원인에 접근할 수 없고, 재발을 막지 못한다. 재발 방지 · 관계 회복 · 사회적 기능 회복을 위해서는 심리적(감정 · 자기인식), 행동적(사회적 기술), 기술 · 윤리(디지털 책임) 영역을 동시에 다루는 통합적 개입이 필요하다.

통합적 개입은 '문제의 원인(내적 · 외적) → 피해 구제 → 재학습(대체행동) → 공동체 재통합' 의 순환을 설계한다.

2) 통합적 개입 구성 : 역할 분담과 협업 구조

통합적 개입은 학교 내외의 다양한 인력이 역할을 분담하고 연계하여 운영된다. 다음 표는 핵심 구성요소와 역할을 정리한 것이다.

[표 6-1] 통합적 개입의 구성요소와 역할

영역	주요 목표	주요 활동	사례
심리 · 정서	감정 조절 능력 향상, 자기 인식 강화	개별 상담(인지 · 정서평가), 정서 조절 훈련(감정일지, 긴장 완화법), CBT 기법 적용	S군: 분노 폭발 완화 위해 감정일지 · 호흡훈련 병행
행동 · 사회성	책임감 증진, 비폭력적 갈등 해결	역할극, 또래 중재 훈련, 의사소통 기술(비폭력 대화) 교육	K양: 강요 · 갈취 상황에서 '거절 기술' 훈련 적용
디지털 · 윤리	온라인 폭력 예방, 디지털 시민의식 함양	SNS 사례 분석, 온라인 행동 규범 수립, 디지털 회복적 서클	H군: 온라인 명예훼손 관련 책임 교육 · 게시물 교정 활동
가족 · 지역 연계	가정교육 강화, 지역 자원 연결	학부모 상담	지역상담센터 · 청소년지원기관 연계, 학부모 면담을 통한 일관된 훈육 전략 수립
학급 · 학교 시스템	예방 교육, 문화 형성, 모니터링	인성교육, 학급 규범 재정비, 행동 기록 · 모니터링 시스템	'언어예절 캠페인' · 회복 서클 정례화

* 주의: 각 영역은 단독으로 작동하지 않으며, 상호보완적이다. (예) 감정 조절 훈련과 또래 기술 교육이 함께 진행될 때 실질적 행동 변화로 연결된다.

3) 통합적 개입의 단계별 실행안

아래 내용은 학교가 실제로 적용할 수 있는 6주 단위 표준화 프로그램(예시)과 단계별 핵심 활동이다.

[표 6-2] 통합적 개입 표준화 프로그램(예)

주차	핵심 활동
시작 전	사례 선별 · 안전평가(Week 0) 사건 사실 확인 · 위험성 평가(피해자 안전 우선) 개입팀 구성(담임, 상담교사, 생활지도부, 학부모 연결, 외부 전문가)
1주차	초기 안정화 및 개별 접촉(Week 1) 피해자 심리 안정화(급성 스트레스 대응) 가해자 개별 상담(책임 의식 촉진) 가정 통보 및 참여 동의 확보
2~3주차	심리 · 정서 개입(Week 2-3) 심리 평가(정서 · 충동 · 공감 수준) 감정 조절 훈련(감정일지, 이완 · 호흡법, 사고 재구조화) 피해 구제 계획 수립(피해자 의사 반영)
3~4주차	행동 · 사회성 교육(Week 3-4) 비폭력적 의사소통, 거절 기술, 갈등 중재 역할극 또래 멘토링(동료 중재자 교육) 학급 차원의 회복적 활동(공동 프로젝트)
4~5주차	디지털 · 윤리 교육 및 회복적 서클(Week 4-5) 온라인 행동 검토, 피해 게시물 삭제 · 정정 · 공개 사과 등 조치 회복적 서클 운영(피해자 참여 여부 최우선 고려) 가해자의 행동 약속서 작성(구체적, 측정 가능)
6주차	사후 모니터링 및 평가(Week 6) 행동 변화 점검(담임 · 상담교사 협의) 피해 학생 상태 재평가(출결 · 심리 · 학업 지표) 프로그램 효과성 보고서 작성 및 후속 지원 계획

출처 : 경찰청 등, 표준선도 프로그램 재정리

4) 사례 적용 : G군 통합적 개입의 구체적 흐름

고등학생 G군은 교내·온라인에서 동일 학생을 지속적으로 괴롭힘. 초기 징계만으로는 재발 가능성이 있음

(1) 개입 내용(구체적 활동)

사전 안전·사실 확인, 피해자 보호(수업 분리·심리 안정 조치), 증거 수집(SNS 캡처)

(2) 개별 심리상담(주1회, 6주)

충동성·분노 평가 도구(과격성 척도 등)로 기초 데이터 확보, 감정일지(일별 유발 상황·대응 기록) 활용

(3) 행동 개입

- 역할극: 괴롭힘 상황에서의 대체행동 연습(말로 설명하기, 교사에게 중재 요청)
- 또래 중재자 배치: G군이 충동을 느낄 때 연락할 또래 멘토 지정

(4) 디지털 윤리 교육(워크숍 2회)

- 온라인 상호작용 규범, 명예훼손 법적 결과, 게시물 회복 과정 실습
- 공적 사과문 작성과 피해 게시물 정정 절차 실행

(5) 회복적 서클(사후 1회)

- 피해자·가해자·담임·상담교사·동료 참여(피해자 동의 전제)
- 피해 영향 공유, 가해자의 책임 표현, 구체적 재발 방지 약속 제시

(6) 사후 모니터링(3개월)

- 출결 · 상담 기록 · 담임 피드백으로 행동 변화 추적
- 긍정 행동에 대한 공개적 인정(학급 칭찬 · 포인트 시스템)

(7) 결과(3개월 기준)

- G군 : 충동적 공격 빈도 감소(자기보고 및 담임 관찰 기준), 온라인 게시물 삭제 ·
  사과, 또래관계 개선 신호 관찰
- 피해 학생 : 등교 회복, 학급 내 상호작용 증가

5) 통합적 개입의 상호작용 모형

아래 그림은 '하나의 치료(예: 상담)' 로는 부족하고, 세 영역의 동시적 · 연계적 개입
이 가해 학생의 행동 변화를 촉진함을 보여준다. 각 영역의 개입은 서로 시너지를 내
어 지속 가능한 변화를 만든다.

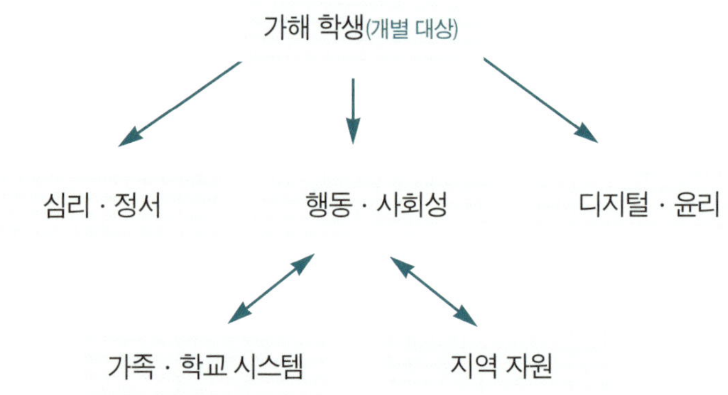

[그림 6-1] 행동 변화 촉진 서클

6) 평가 지표 및 성과 측정 방법

(1) 단기(1~3개월)

① 행동 지표 : 동일 유형의 폭력 재발 건수(감소 여부)

② 관찰 지표 : 담임 · 상담교사의 행동 변화 관찰 기록

③ 피해 지표 : 피해 학생의 출결 · 등교 의향 변화

(2) 중기(3~6개월)

① 심리 지표 : 충동성 · 분노 수준 변화(표준화 검사), 공감 척도 상승 여부

② 사회성 지표 : 또래 관계 만족도(설문), 학급 내 갈등 빈도

③ 운영 지표

(3) 프로그램 참여율(학생 · 가족 참여율)
(4) 회복 약속 이행률(가해자의 약속 이행 여부 체크리스트)
(5) 만족도 : 피해자 · 가해자 · 교사 만족도 조사

7) 운영 체크리스트

[표 6-3] 운영 체크리스트

점검 내용	결과
피해자 안전 우선, 개입 동의 확보 여부 확인	
개입팀(담임 · 상담 교사 · 생활 지도 · 외부 전문가) 구성 완료	
심리 평가(기초) 시행 및 기록 보관	
행동 개입(역할극 등) 계획서 · 세부 일정 수립	

디지털 조치(게시물 삭제, 사과문 등) 완료 여부 확인	
회복적 서클 진행 여부 및 기록(요약문) 보관	
사후 모니터링 일정(예 : 1주 · 1개월 · 3개월) 예약	
보호자 통보 및 협의 내용 문서화	
프로그램 효과성 평가 양식 준비	

8) 유의 사항 및 윤리적 고려

(1) 피해자 동의 원칙

회복적 과정은 피해자의 참여를 강제해선 안 된다. 피해자의 안전 · 심리 상태가 우선이다.

(2) 진정성 확보

가해자의 사과가 형식적이면 오히려 피해 재노출 · 2차 피해 위험이 있으므로 사전에 충분한 준비가 필요하다.

(3) 기록 · 프라이버시

상담 · 서클 기록은 엄격히 보호한다(학교 내부 규정 준수).

(4) 전문성 연계

복잡하거나 고위험 사례는 외부 심리전문가 · 청소년 지원기관과 연계한다.

(5) 문화적 민감성

가족 배경 · 문화 · 언어 차이를 고려한 개입 설계가 필요하다.

02

회복적 서클과 대화 기법

1) 회복적 서클의 개념

회복적 서클(RC)은 학교폭력 사건 이후 피해자, 가해자, 중재자(교사 · 상담사), 학급 구성원이 함께 참여하여 **'피해 인식—책임 수용—관계 회복—미래 계획'** 을 이루는 대화 중심의 회복 프로그램이다(Korean Restorative Justice Center, 2023).

이 접근은 단순히 '누가 잘못했는가?' 를 규명하는 절차가 아니라 '무슨 일이 일어났는가?', '누가 어떤 영향을 받았는가?', '앞으로 어떻게 회복할 것인가?' 를 함께 논의하는 과정이다. 즉, 벌이 아닌 관계 회복에 초점을 둔 회복적 정의의 실천 형태이다.

> **핵심 개념**
>
> - 피해자 중심성 : 피해자의 안전과 감정이 존중되는 구조
> - 가해자 책임성 : 자신의 행동이 미친 영향을 명확히 인식
> - 공동체 복원성 : 학급 · 학교 구성원이 함께 관계를 재구성
> - 미래 지향성 : '다시는 반복하지 않기 위한 구체적 계획' 을 세움

2) 회복적 서클 단계

회복적 서클은 다음 그림에서 보듯이 5단계로 구성된다. 단계마다 참여자 역할과 대화의 초점이 다르다.

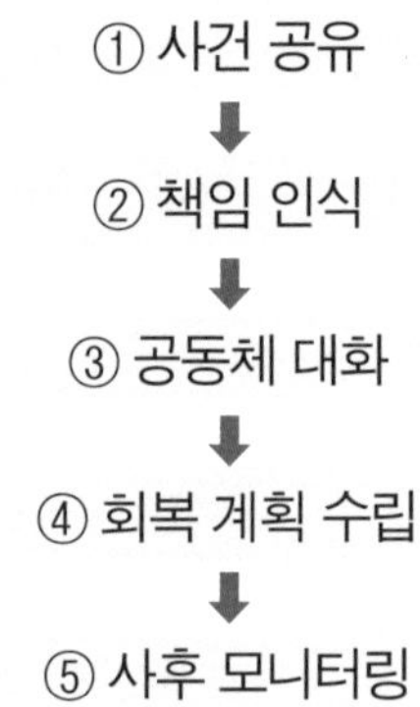

[그림 6-2] 회복적 서클 프로세스

[표 6-3] 회복적 서클 단계

단계	주요 내용	교사(촉진자) 역할	유의사항
① 사건 공유	피해 학생이 자신의 경험과 감정을 표현	공감적 경청, 피해자 보호	피해자 발언 시 방해 금지, 감정표현 허용
② 책임 인식	가해 학생이 자신의 행동 결과를 이해	구체적 행동 질문 유도	변명·합리화 막고 '피해 영향' 중심으로 질문
③ 공동체 대화	학급 구성원과 함께 사건이 공동체에 미친 영향 논의	모두의 참여 촉진	제3자의 책임 떠넘기기 금지, 안전한 분위기 조성
④ 회복 계획 수립	사과, 행동 개선, 피해 복구 등 구체적 계획 수립	실현 가능한 약속 유도	형식적 사과 금지, 구체적 실행안 작성
⑤ 사후 모니터링	이후 행동 변화 및 관계 유지 확인	상담·관찰 지속	가해자·피해자 모두의 회복 정도 점검

출처 : 한국회복적정의협회 「학교회복 프로그램」 재구성

이 프로세스는 회복적 서클이 단순한 사과 모임이 아니라 피해자 보호 + 가해자 책임 + 공동체 신뢰 회복의 세 요소가 순환적으로 이루어지는 교육적 과정임을 보여준다. 즉, '사건 이후의 관계를 다시 세우는 수업'이다.

3) 사례 : 회복적 서클 적용

(1) 사례 요약

중학교 2학년 L양은 단체 채팅방에서 친구들로부터 지속적인 온라인 조롱을 당해 등교를 거부하고 불안 증세를 보였다. 가해 학생 M군은 "단순한 장난이었다"고 주장하며 자기 행동의 심각성을 인식하지 못했다.

(2) 개입 과정

피해자 보호

(3) 사전 준비

상담교사가 피해자·가해자 개별 상담 진행, 피해자 동의 확보

(4) 서클 구성

피해자(L양), 가해자(M군), 담임, 상담교사, 학급 대표 2명 참여

(5) 서클 진행

　- L양 : "그 말을 볼 때마다 너무 무서웠어요. 학교 가기도 싫었어요."

　- M군 : "그게 그렇게 힘들 줄 몰랐어요. 그냥 웃긴다고 생각했어요."

　- 교사 : "이 행동이 어떤 결과를 만들었는지 함께 정리해볼까요?"

- 참여자 전원 : L양의 안전한 학교생활을 위한 약속과 행동 계획 제시

(6) 회복 계획 수립

- M군 : 공개 사과문 작성 및 단체 대화방 삭제 조치

- 학급 : ‘온라인 예절 캠페인’ 공동 추진

- 교사 : 4주간 행동 변화 모니터링

(7) 3개월 후

- L양의 출결 회복 및 학급 내 상호작용 정상화

- M군은 SNS 사용 전 ‘공감 점검 체크리스트’ 습관화

회복적 서클은 사건의 마무리가 아니라 새로운 관계 회복의 시작이다. 피해자는 보호받고, 가해자는 책임을 배우며, 학급은 신뢰를 회복한다.

4) 회복적 대화 기법

회복적 서클의 성공은 대화의 질에 달렸다. 교사의 질문이 비난이나 지시가 아니라 자각과 공감을 이끌어내는 방식으로 구성되어야 한다.

(1) 피해 중심 질문

“이번 일로 누가, 어떤 영향을 받았을까요?”, “피해자가 느꼈을 감정은 무엇일까요?” 등 가해자가 피해자의 입장을 상상·이해하도록 유도한다.

(2) 책임 강화 질문

“당신의 행동이 그런 결과를 낳은 이유는 무엇이라고 생각하나요?”, “앞으로 같은

일이 생기면 어떻게 다르게 행동할 수 있을까요?" 등 행동의 원인과 선택 가능성에 대한 성찰을 유도한다.

(3) 공동체 신뢰 회복 질문

"우리 학급이 다시 신뢰를 만들기 위해 무엇을 할 수 있을까요?", "모두가 안전하다고 느끼려면 어떤 변화가 필요할까요?" 등 관계 회복과 공동체 참여를 촉진

(4) 미래 행동 약속 질문

"다음 주에 바로 실천할 수 있는 행동 한 가지는 무엇인가요?" 등 구체적 · 실행 가능한 계획을 수립한다.

회복적 대화는 '질문으로 가르치는 교육' 이다. 교사의 질문 한마디가 가해자의 '책임 자각' 을, 피해자의 '존중 회복' 을 이끌어낸다.

5) 교사 실천 팁 및 운영 유의사항

(1) 서클 환경 조성

원형으로 앉아 시선이 평등하게 교차하도록 함, 책상 배열 · 거리감 · 좌석 배치 중요

(2) 감정 언어 사용

네 행동은 잘못이야" 대신 "그 행동이 친구에게 어떤 영향을 주었는지 함께 생각해보자", 비난 · 판단적 언어 금지

(3) 피해자 보호 우선발언

순서, 발언 시간, 감정표현에 대한 사전동의 확보, 피해자 재자극 금지

(4) 진정성 검증

가해자의 사과가 형식적이지 않도록 함. 실행 계획과 연결, '미안하다' 만으로 종료하지 않음

(5) 후속 관리

서클 후 1주 · 1개월 단위 모니터링, 행동 지속 여부 확인 및 재개입 준비

6) 회복적 서클 운영을 위한 준비 체크리스트

[표 6-4] 운영 준비 체크리스트

점검 내용	결과
피해자 · 가해자 모두의 참여 동의 확보	
서클 진행 전 개별 상담 및 사전 정보 수집	
안전한 공간 확보(폐쇄적, 소음 차단, 원형 배치)	
감정 카드 · 진술서 등 시각 자료 준비	
교사 및 상담사의 역할 분담(진행자 vs 관찰자)	
서클 후 요약 기록 및 실행 계획서 작성	
2차 피해 예방을 위한 사후 점검 일정 수립	

출처 : 한국회복적정의협회 「학교회복 프로그램」 재구성

7) 시사점

회복적 서클은 처벌이 아닌 관계의 회복과 재사회화를 위한 대화 교육 과정이다. 피해자에게는 존중과 보호, 가해자에게는 책임과 변화의 기회, 공동체에는 신뢰 회복의 경험을 제공한다. 궁극적으로 학교는 '처벌받는 공간' 이 아니라 '회복과 성장의 공동체' 임을 학생들이 학습하게 된다.

03 예방과 치료의 균형

1) 예방 중심 교육

학교폭력 예방은 사건이 일어나기 전에 학생이 비폭력적 행동과 관계적 감수성을 내면화하도록 돕는 교육적 접근이다. 이는 단순히 규칙을 주입하거나 처벌을 강화하는 것이 아니라 학생의 정서·사회적 역량을 길러 자율적 선택과 책임 있는 행동을 유도하는 데 초점을 둔다(KEDI, 2022).

(1) 주요 예방 활동

① 디지털 윤리 교육 : 온라인 언어 폭력, 사이버 괴롭힘, 개인정보 노출 등 위험 행동에 대한 인식 개선

② 정서 조절 프로그램 : 분노·충동을 건강하게 표현하고 자기감정을 조절하는 훈련

③ 또래 관계 강화 활동 : 협동 학습, 집단 프로젝트, 또래 멘토링을 통한 긍정적 관계 형성

④ 회복적 대화 문화 조성: 사소한 갈등도 대화로 풀 수 있는 학급 문화 만들기

※ 교육적 의의

예방 중심 교육은 학생들이 처벌을 두려워해서가 아니라 타인과의 관계 속에서 스스로 비폭력적 선택을 할 힘을 기르는 과정이다.

(2) 실행 사례

2) 치료 중심 교육

학교폭력 사건이 이미 발생한 이후에는 단순한 처벌로는 충분하지 않다. 피해자의
심리적 안정, 가해자의 행동 교정, 관계의 회복이 병행되어야 한다. 이러한 교육은
'사후 회복적 개입(post-restorative intervention)' 으로 학생이 다시 공동체 안에서 건강
한 관계를 맺을 수 있도록 지원하는 과정이다.

(1) 주요 치료 활동

① 심리 상담 : 피해 · 가해 학생의 정서 안정, 불안 완화, 자기 이해 증진

② 행동 교정 프로그램 : 폭력적 반응 패턴을 인식하고 대안 행동 훈련

③ 회복적 서클 운영 : 사건의 원인과 영향, 관계 회복을 위한 대화 실천

④ 또래관계 재형성 훈련 : 피해 · 가해 학생의 상호작용을 단계적으로 회복

(2) 실제 사례

[반복적 가해 행동의 회복 과정]

중학교 1학년 P군은 지속적으로 특정 친구를 따돌리고 조롱하는 행동을 반복하였다. 교
내 특별교육 조치로 심리상담(주 1회), 회복적 서클 참여, 또래 관계 훈련이 병행되었다. 상담

을 통해 P군은 자신의 공격적 행동이 불안감과 낮은 자존감에서 비롯된 것임을 인식하고, 회복적 서클에서는 피해 학생에게 진심으로 사과하고 학급 내 역할 회복을 약속하였다. 3개월 후, 담임교사와 상담교사의 모니터링 결과 폭력적 언행이 현저히 감소하고, 피해 학생과의 관계도 점진적으로 개선되었다.

치료 중심 개입은 단기적인 행동 변화뿐 아니라 내면의 심리 회복과 관계적 성장을 유도할 때 지속적 효과를 얻는다.

3) 예방과 치료의 균형 전략

학교폭력 대응은 '사건 이전' 의 예방과 '사건 이후' 의 치료를 서로 보완적으로 실행해야 한다. 예방이 '문제 발생 전의 감수성 교육' 이라면, 치료는 '문제 발생 후의 회복적 성장' 이다. 이 두 접근이 균형을 이룰 때, 학교는 '재발 방지 + 관계 회복' 이라는 특별교육의 핵심 목표를 달성할 수 있다.

[표 6-5] 예방과 치료의 균형 전략

구분	주요 활동
예방 중심 교육	디지털 윤리 교육, 정서 조절훈련, 또래 관계 강화, 회복적 대화 문화 조성, 재발 방지, 비폭력 습관화, 공동체 의식 강화, 온라인 폭력 예방 교육, SNS 윤리 캠페인, 또래 멘토링 활동
치료 중심 교육	심리상담, 행동 교정 프로그램, 회복적 서클 운영, 관계 회복 지원, 행동 수정, 피해 구제, 재통합 지원, 반복적 폭력 가해 학생의 상담 및 관계 회복 사례, 피해자 보호 및 사후 모니터링

출처 : 윤형근 외(2018) 학교폭력 예방 및 개요의 문제점과 개선 방향

4) 통합적 접근의 필요성

학교폭력 예방과 치료는 '서로 다른 방향' 이 아니라 연속적인 교육 과정이다. 예방 활동이 충분하지 않으면 사건이 발생하고, 치료 개입이 미흡하면 재발 위험이 커진다. 따라서 학교는 예방→ 조기 개입→ 회복→ 재적응으로 이어지는 순환적 체계를 갖추어야 한다. 예방 교육은 공동체의 면역력을 높이는 과정이다. 치료 교육은 이미 손상된 관계의 치유 과정이다. 두 접근이 결합될 때, 학교폭력 특별교육의 궁극적 목표인 '학생의 변화 + 피해자의 회복 + 공동체의 신뢰 회복' 이 가능하다.

5) 교사 실천 전략

[표 6-6] 통합적 접근의 교사 실천 전략

영역	실천 방안	세부 예시
예방적 환경 조성	학급 차원의 비폭력 규칙 공동 제정	학생 참여형 '우리 반 평화 헌장' 만들기
정서 · 사회 교육	감정표현 및 공감 훈련	주 1회 '감정 나누기 서클' 운영
디지털 시민성 강화	SNS · 메신저 예절 교육	'댓글 한 줄의 힘' 캠페인 실시
사건 발생 후 개입	회복적 서클, 심리상담 연계	가해 · 피해 학생 개별 상담 후 서클 운영
사후관리 체계	모니터링 일지 기록 및 보고	1개월 단위 행동 변화 관찰 보고서 작성

출처 : 윤형근 외(2018) 학교폭력 예방 및 개요의 문제점과 개선 방향

※시사점

예방 중심 교육은 비폭력적 사고와 관계적 감수성을 기르는 과정이며, 치료 중심 교육은 발생한 폭력 이후의 회복과 재적응을 돕는 과정이다. 두 접근의 균형은 '사건이 없게 하고, 있더라도 다시 세울 수 있는 학교문화' 를 만든다. 따라서 특별교육의 목표는 단순한 징계 이행이 아니라, '학생의 변화와 공동체의 회복' 을 함께 달성하는 데 있다.

04 학습 활동 예시

(1) 활동 A : 통합적 개입 계획 작성

- **목표** : 실제 사례를 분석하고 심리 · 행동 · 디지털 영역 개입 계획 수립
- **절차** - 가해 학생 사례 분석

  - 영역별 개입 목표와 활동 설정

  - 학교 전문가 역할 배분 및 실행 계획 작성

(2) 활동 B : 회복적 서클 모의 실습

- **목표** : 관계 회복과 책임 인식 경험
- **절차** - 소규모 역할극 : 피해자, 가해자, 중재자, 관찰자

  - 회복적 질문 활용 대화

  - 행동 개선 계획 작성 및 발표

특별교육은

첫째, **통합적 개입, 회복적 서클, 예방과 치료의 균형**이 핵심이다.

둘째, **통합적 개입은 심리 · 행동 · 디지털 영역이 상호 보완적으로 작동하며,** 다학제적 협력이 필수이다.

셋째, 회복적 서클과 대화 기법은 **가해자의 책임 인식, 피해자의 회복, 공동체 관계 회복**을 동시에 달성한다.

넷째, 예방과 치료를 통합하면 **재발 방지와 피해 구제** 효과를 극대화할 수 있다.

☑ 특별교육이 필요한 학교폭력 예방

다수를 대상으로 하는 교육이 그렇듯이 학교폭력 예방 교육도 형식적으로 흐르기 쉽다. 그러면 교육 효과를 기대할 수 없다. 가령, 많은 학생을 한데 모아 놓고 강의하는 일방적인 주입 교육은 학교폭력 예방에 별 효과가 없다.

6장에서는 회복적 서클 시뮬레이션 참여하기, 사례별 개입 계획 세우기, 예방 중심 교육 설계도 만들기 등의 과정을 살펴보았다. 이렇듯 학교폭력 예방 교육은 특별하고 전문적이며 구체적이어야 하고, 개별적이어야 한다.

학교폭력 예방 교육은 교사가 아니라 학생이 주체가 되어 진행하도록 하는 것이 바람직하다. 학생이 기획하여 과정을 주도하는 교육이어야 학생들도 관심을 보이고 참여에 대한 자긍심도 갖게 된다.

최근의 학교폭력은 온라인 환경이 더해져 점점 더 교묘해지고 대담해지고 있어서 학교의 노력만으로는 예방과 대응에 한계가 있다. 가정과 지역사회의 노력도 필요하다. 그러려면 우선 학부모가 자기 자식은 그럴 리 없다거나 옳다고 우기는 편견부터 버려야 한다. 그래야 문제의 본질을 객관적으로 바라볼 수 있게 되어 갈등을 대화로 풀어갈 수 있다. 가해자의 태도가 '적반하장' 격이면 피해자는 법적 절차를 통해 가해자를 처벌할 수밖에 달리 방법이 없다. 이렇게 되면 사건에 대한 법적 문제는 해결될지 몰라도 피해 학생의 상처는 평생을 가게 되고, 가해 학생은 교정 기회를 놓치고 평생을 문제의 사람으로 살아갈 가능성이 크다.

주요 학교폭력 예방 교육 사례

[참여연극] 학생들이 직접 등장인물이 되어 학교폭력 상황의 피해자, 가해자, 목격자의 입장에서 갈등을 체험하고, 소통의 중요성을 배운다.

[강연회] 학교폭력 상황에서 목격자의 역할을 생각해 보고, 피해 학생을 돕는 방법에 대해

고민하며, 학교와 지역사회에 비폭력 문화를 확산하는 시간으로 구성한다.

[메타버스 체험 프로그램] 메타버스 플랫폼을 활용하여 게임처럼 과제를 수행하며, 사이버 폭력 예방에 필요한 존중, 소통, 공감 역량을 기른다.

[역량 강화 프로그램] 학생들이 학교폭력 상황에 대한 이해도를 높이고, 사이버폭력, 신체 폭력 등에 대해 올바르게 인식하고 대처할 수 있도록 교육한다. 사이버폭력의 경우에는 온라인에서 타인의 신체를 동의 없이 촬영하거나 성적인 대화를 주고받지 않아야 하며, 개인정보 관리에 유의해야 함을 교육한다. 신체 폭력의 경우에는 장난이라도 상대방이 괴로워하면 폭력이 될 수 있으며, 갈등은 대화로 해결해야 함을 강조한다. 언어 폭력의 경우에는 말로 상대방을 괴롭히는 것이 반복되면 폭력이 될 수 있으며, 즉시 도움을 요청해야 함을 교육한다.

"가정은
첫 번째 학교이며,
부모는
첫 번째 교사다."

가정이 학교폭력 예방의 중심축임을
이해하고, 부모 교육과 가족 지지체계의
중요성을 탐구하고 실천한다.

- 부모 교육과 상담의 필요성 설명하기
- 가족 기능 회복의 원리 제시하기
- 가정-학교-지역사회 연계 방안 모색하기

제7장

학교폭력 대응은 가족 참여가 핵심 토대

 부모 교육과 상담

"건강한 가족 참여는 청소년의 성장과 발달 그리고 사회적 관계 형성의 토대가 된다. 가족 구성원이 서로 협력하고 지지망을 형성할 때, 청소년은 안전하고 안정된 환경 속에서 성장할 수 있다."

청소년 발달에서 가정은 첫 번째 환경이다. 부모와 가족 구성원의 참여는 단순한 양육을 넘어 정서적 안정, 사회성 발달, 학습 습관 형성 등 다양한 영역에서 핵심적인 역할을 한다(Schoppe-Sullivan et al. 2020). 따라서 가족 참여는 부모 교육, 가족 기능 회복, 학교·지역사회 연계를 포함하는 통합적 접근이 필요하다.

1) 필요성

현대 사회는 다양한 가족 형태와 스트레스 요인을 내포하고 있다. 맞벌이 가정, 한부모 가정, 다문화 가정, 비정형 가정 등은 부모 역할 수행의 어려움을 증가시킨다. 이러한 상황에서 부모 교육과 상담은 부모가 자녀와의 관계를 개선하고, 정서적 안정과 효과적인 양육 기술을 습득하도록 돕는다(Snyder & Diaz, 2021). 부모는 자녀 발달에서 첫 번째 교육자이지만, 스트레스·갈등·부적절한 양육 방식으로 인해 의도와 달리 자녀와의 관계가 악화될 수 있다. 부모 교육의 핵심 목적은 단순한 정보 전달이 아니라, 부모가 자신의 감정을 이해하고 조절하며, 자녀와 건강한 소통을 실천하도록 지원하는 것이다.

2) 구성

부모 교육과 상담은 크게 세 가지 영역으로 나눌 수 있다. 의사소통, 정서 지원, 양육 전략은 서로 독립적이지 않고, 상호작용적으로 가족 기능 회복에 기여한다.

[표 7-1] 부모 교육과 상담 구성요소

영역	주요 목표	활동 예시	사례
의사소통	자녀와의 긍정적 대화	역할극, 대화법 훈련	A부모: 감정 표현 훈련으로 청소년 자녀와 갈등 감소
정서 지원	부모의 스트레스 관리	명상, 정서일지 작성, 상담	B부모: 직장 스트레스 감소 후 가정 내 폭발적 언행 감소
양육 전략	일관된 규율과 책임감	규칙 설정 워크숍, 사례 분석	C부모: 스마트폰 사용 규칙을 가족과 함께 설정

각 영역은 독립적 접근이 아닌 통합적 상호작용이 중요하다. 예를 들어, 정서 안정이 확보되어야 의사소통이 효과적으로 이루어지고, 명확한 양육 전략이 있어야 자녀가 규칙과 책임을 수용할 수 있다.

3) 사례

서울시 건강가정지원센터에서 진행한 '부모 역할과 자녀 소통 프로그램' 참여 후 효과: 맞벌이 가정 부모의 자녀와 대화 시간 2배 증가, 가정 내 정서적 갈등 40% 감소 (Kim & Park, 2023)

※ 분석

부모 교육은 단순한 지시나 정보 전달이 아니라, 관계와 상호작용 자체를 변화시키는 힘이 있다. 부모가 자신의 감정을 조절하고, 자녀와의 대화 기술을 개선하면 청소년의 정서적 안정과 사회성 발달이 촉진된다.

4) 시각 자료 설명

  다음 그림은 부모 교육이 단순한 정보 전달이 아닌 다영역 상호작용임을 시각적으로 보여준다.

- 의사소통 → 자녀와 긍정적 관계 형성
- 정서 지원 → 부모의 안정적 양육 행동 가능
- 양육 전략 → 규율과 책임감 형성
- 결과 : 부모 기능 강화 → 가정 내 건강한 관계 → 청소년 발달 지원

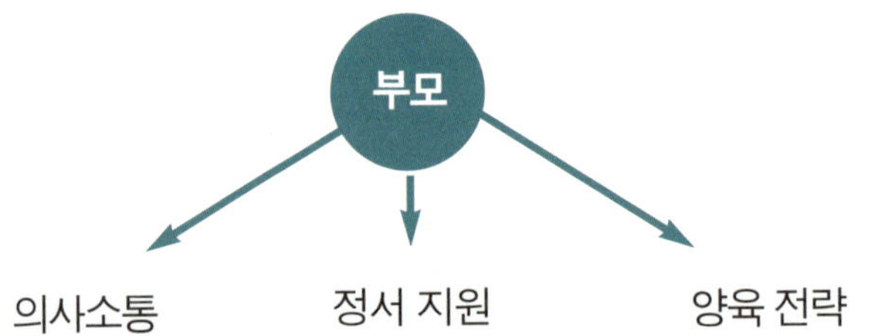

[그림 7-1] 부모 교육과 상담의 다영역 상호작용 구조

아하! 그렇구나

부모 교육은 단순한 지시·관리가 아니라 관계 기반 개입이어야 한다. 부모의 정서 안정과 의사소통 능력이 향상될 때, 청소년의 사회성, 자기조절, 학습 능력이 함께 개선된다. 가족 참여는 학교폭력 예방 및 회복적 교육에서도 핵심 요소로 작용한다. 부모가 자녀와 소통하고, 가정 내 규율을 강화하면 학교 내 문제 행동 예방에 직접 기여한다.

02 가족 기능 회복과 지지망 형성

가족 기능은 아동 발달과 청소년 성장에 직접적인 영향을 미치는 핵심 요소이다. 가족이 안정적이고 협력적으로 기능할 때, 청소년은 정서적 안정, 사회성 발달, 자기조절 능력을 갖출 수 있다.

1) 필요성

가족 기능이란 가정 내에서 아동 양육, 정서적 지원, 경제적 안정, 규율 형성 등 다양한 역할을 수행하는 능력을 의미한다. 그러나 다음과 같은 요인들은 가족 기능을 약화시키고, 아동 · 청소년 발달에 부정적 영향을 미친다(Singh et al. 2022).

(1) 가정 내 갈등 : 부모 간 불화, 형제자매 갈등
(2) 소통 부족 : 의사소통 단절, 감정 공유 부족
(3) 사회적 스트레스 : 경제적 어려움, 지역사회 단절, 다문화 환경 스트레스

가족 기능 회복은 단순한 내부 문제 해결이 아니라 가족 구성원의 참여 + 외부 지지망 연결을 통한 통합적 접근이 필요하다.

2) 구성

　가족 기능 회복 프로그램은 크게 의사소통 강화, 정서 지원, 사회적 지지망 형성으로 구성된다. 각 영역은 서로 독립적이기보다 내부 관계 회복과 외부 자원 활용이 상호작용하도록 설계된다.

[표 7-2] 가족 기능 회복 프로그램 구성

영역	목표	활동 예시	사례
의사소통	가족 구성원 간 상호 이해	가족회의, 역할 교환 (role reversal)	D가족 : 가족회의 후 갈등 해결 빈도 50% 감소
정서 지원	가족 간 유대감 강화	공동 활동(요리, 운동), 감정 나누기	E가족 : 주말 공동 요리로 가족 신뢰 회복
사회적 지지망	외부 자원과 연결	지역사회 프로그램 참여, 다문화 부모 모임, 상담 연계	F가족 : 다문화 부모 모임 참여로 정보 및 정서 지원 확보

3) 사례

- 경기도 성남시 복지관 '가족 기능 회복 프로그램' 참여
- 참여 전 대비, 가족 구성원 간 의사소통과 협력 행동 35% 향상
- 가족회의와 공동 활동을 통해 갈등 감소, 유대감 강화
- 외부 프로그램 참여로 지역사회 지지망 확보

※ 분석

　가족 내부의 의사소통과 정서적 유대가 회복되면 청소년 정서 안정과 학교생활 적응에도 긍정적 영향

외부 지지망과 연결되면 지속적 지원체계 확보 가능

내부 회복 + 외부 지지망 = 통합적 가족 기능 강화 모델

4) 시각 자료 설명

다음 그림은 가족 내부 관계와 외부 지지망의 상호작용을 한눈에 보여준다.

- 내부 관계 강화 : 의사소통 + 정서 지원
- 외부 자원 활용 : 사회적 지지망
- 결과 : 가족 기능 회복 → 청소년 발달과 안전한 성장 환경 제공

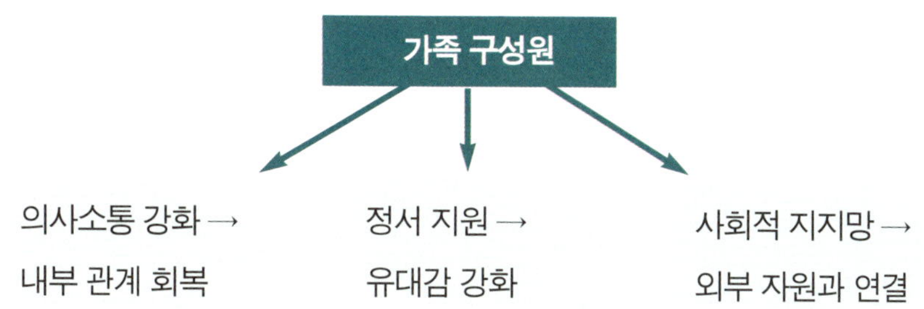

[그림 7-2] 가족 기능 회복 네트워크 구조

※ 시사점

가족 기능 회복은 단순한 갈등 해결이 아니라, 청소년 발달과 연계된 전략적 개입이다. 내부 관계 회복과 외부 지지망 연결은 상호보완적으로 작동해야 한다. 학교와 지역사회는 가족 기능 회복 프로그램과 연계하여 청소년 성장 지원체계를 강화할 수 있다.

가족 기능 회복 = 내부 의사소통 · 정서 지원 + 외부 지지망 연결

→ 청소년 정서 안정, 사회적 역량 강화, 학교폭력 예방 및 회복적 교육에 기여

03 가정 · 학교 · 지역사회 연계

청소년의 사회적 · 정서적 발달을 극대화하고, 학교폭력 예방 및 회복적 교육의 효과를 높이기 위해서는 가정, 학교, 지역사회가 유기적으로 연결된 통합적 지원체계가 필요하다. 단일 기관의 노력만으로는 지속적인 성장과 행동 변화를 담보하기 어렵다.

1) 필요성

청소년 발달과 학습, 사회적 관계 형성은 다층적 환경의 영향을 받는다.

(1) 가정 : 정서적 안정과 학습 습관 형성
(2) 학교 : 학업 · 사회성 지원, 또래 관계 지도
(3) 지역사회 : 멘토링, 문화 · 체험 활동, 자원 제공

이 세 영역이 상호 연계될 때, 청소년은 심리적 안정, 사회적 기술, 자기효능감을 동시에 강화할 수 있다.

통합적 연계 없이는 개별 기관의 개입이 단기적 · 부분적 효과에 그칠 수 있으며, 지속적 변화와 관계 회복을 위해서는 연계 중심 시스템 구축이 필요하다.

2) 구성

　연계 프로그램은 각 영역의 역할과 목표가 명확히 정의되어야 하며, 협력적 운영이 이루어진다.

[표 7-3] 가정 · 학교 · 지역사회 연계 구성요소

영역	목표	활동 예시	사례
가정	정서 · 학습 지원	학부모 상담, 가정 학습 지도, 가족회의	G부모 : 자녀 숙제 지도 후 학습 태도 개선
학교	학업 · 사회성 지원	학급 상담, 또래 갈등 해결, 협동 활동	H교사 : 학급 내 갈등 조정 후 집단활동 참여 증가
지역사회	사회적 지지, 자원 제공	멘토링, 문화 · 체험 활동, 상담 프로그램 연계	I학생 : 지역 멘토링 참여 후 자신감과 사회성 향상

3) 사례

"서울시 한 초등학교 '가정 · 학교 · 지역사회 연계 프로그램' 참여"

- 프로그램 참여 후 학급 내 공동체 신뢰 점수 3개월 만에 20% 향상
- 가정에서는 부모 상담과 학습 지도, 학교에서는 갈등 해결 및 협동 활동, 지역사회에서는 멘토링과 체험 활동이 동시에 이루어짐
- 결과적으로 청소년의 사회적 기술, 자기조절 능력, 학급 내 참여도가 개선

※ 분석

　- 단일 기관 개입보다 다영역 연계 시, 행동 변화와 관계 회복의 지속 가능성이 높다.

　- 부모 · 교사 · 지역사회가 협력할 때, 청소년은 심리적 안정과 사회적 신뢰를 동시에 경험한다.

4) 시각 자료

다음 그림은 연계 프로그램이 단순한 기관별 개입이 아니라 청소년 발달을 지원하는 통합적 지원체계임을 직관적으로 보여준다.

- 가정 : 정서 · 학습 지원
- 학교 : 학업 · 사회성 지도
- 지역사회 : 멘토링 · 자원 제공

→ 세 영역의 협력으로 심리적 안정 + 사회적 기술 + 행동 변화 촉진

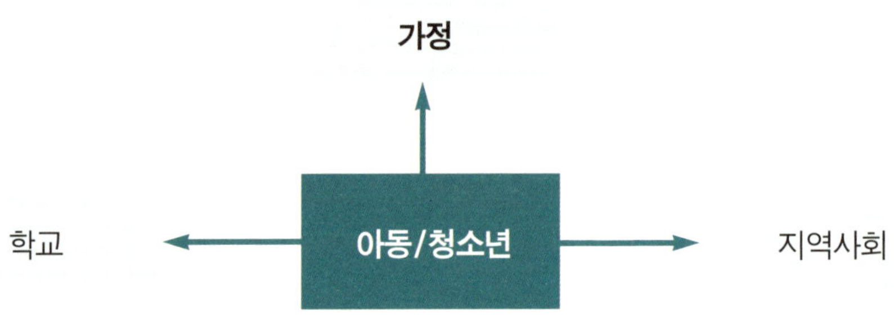

[그림 7-3] 가정 · 학교 · 지역사회 연계 구조

※ 시사점

통합적 연계는 학교폭력 예방과 회복적 교육에서 필수적이다. 각 영역의 목표와 활동을 명확히 정의하고, 역할과 책임을 분담한다. 연계 프로그램 운영 시, 정보 공유와 정기적 평가를 통해 청소년 발달과 프로그램 효과를 지속적으로 모니터링 한다.

가정 · 학교 · 지역사회 연계 = 청소년 발달 지원 + 관계 회복 + 행동 변화
단일기관 개입으로는 달성하기 어려운 지속적 성장과 안전한 환경을 제공한다.

04 학습 활동 예시

(1) 활동 A : 가족 기능 분석 및 개입 계획 작성
- **목표** : 가상 가족 사례 분석, 부모 교육 · 정서 지원 · 지지망 전략 수립
- **절차** - 가상 가족 사례 제공
    - 영역별 문제 진단 및 개입 목표 설정
    - 학교 · 지역사회 역할 배분 후 실행계획 작성

(2) 활동 B : 연계 프로그램 모의 설계
- **목표** : 가정 · 학교 · 지역사회 연계 체계 이해
- **절차** - 아동 사례 분석
    - 참여 기관별 역할 배정
    - 연계 활동 계획 발표 및 피드백

가족과 함께 참여하는 활동은

첫째, 가족 참여는 단순 양육 지원이 아니라, 부모 교육, 기능 회복, 연계까지 포함하는 **통합적 접근**이다.

둘째, 부모 교육은 의사소통, 정서 지원, 양육 전략이 서로 상호 보완적으로 작용한다.

셋째, 가족 기능 회복과 지지망 형성은 **내부 유대 강화 + 외부 지원망 연결**을 통한

상호작용이다.

넷째, 가정·학교·지역사회 연계는 아동 발달의 다영역 지원체계이며, 연계 없이는 효과가 제한된다.

☑ 아이 하나를 키우는 데 온 마을이 필요한 이유

'아이 하나를 키우는 데는 온 마을이 필요하다' 는 말은 오늘날에도 여전히 유효하다. 아니, 제대로 키우려면 예전보다 더욱 중요한 말이 되었다.

7장에서는 부모 교육 프로그램 설계하기, 가족 기능 회복 사례 연구하기, 지역사회 연계 네트워크 그리기 등의 과정에 관해서 알아보았다.

아이들이 자꾸 엇나가는 이유는 학교의 역할 부재와 더불어 가족 기능의 상실 그리고 지역사회의 무관심 때문이라는 분석이 유력하다.

학부모라면 언제든 '우리 아이도 학교폭력의 피해자는 물론 가해자가 될 수 있다' 는 전제를 인정하고 아이의 행동이나 언어 변화를 세심히 살펴야 한다.

푸른나무재단 2025년 학교폭력 실태조사에 따르면 학교폭력 피해자는 전체 피해율이 3.1%에 이른다. 그중 언어 폭력이 28.0%, 사이버폭력이 17.0%, 따돌림이 15.8%, 신체 폭력이 11.9%, 성폭력이 9.6%를 차지하는 것으로 나타났다.

아이에 대한 부모의 관심이 학교폭력을 예방한다.

학교폭력의 징후는 먼저 피해 학생의 변화에서 포착할 수 있다. 실제로 학교폭력 피해 학생 대부분은 수치심, 부모의 실망에 대한 두려움, 친구 관계 유지, 자기 보호 심리 등 다양한 이유로 학교폭력 사실을 숨긴다. 그러므로 교사는 물론이고 부모도 가정에서 아이를 잘 살펴 학교폭력을 확인해내야 한다. 학교폭력은 예방이 가장 중요하고, 그다음은 조기 발견으로 신속하게 조치하는 것이 차선이다.

피해 아이에게 나타나는 일반적인 징후는 등교 거부, 신체 변화(몸에 멍이나 상처가 생기거나 이유 없이 자주 아픔), 감정 변화(갑작스러운 우울증이나 불안감, 자존감 저하 등), 학업 저조(성적이 급격히 떨어지거나 학교생활에 흥미 상실) 등이다. 이를 잘 관찰하여 학교폭력 피해를 감지하는 것은 부모의 역할이지만, 평소에 아이와의 일상적인 대화, 학교와 소통, 교사와의 정기적인 면담을 통해 아이의 학교생활에 이상은 없는지 확인하는 것도 부모의 역할이다.

'애들 싸움이 어른 싸움 된다' 는 옛말이 있다. 학교폭력 사건 현장에서 만난 피해 학생 및 가해 학생 부모의 언쟁을 보자면 딱 맞는 말인듯 하다.

학교폭력이 발생했을 때 특히 부모의 대응 방식이 사태 해결에 결정적인 영향을 미친다. 학교폭력 사건에서 부모의 초기 대응이 왜 중요할까?

자녀가 겪는 심리 상태를 이해하고 안정시키는 것이 우선이기 때문이다. 피해 학생은 극심한 불안과 두려움, 분노를 느끼게 마련이며, 가해 학생도 혼란스러움과 억울함, 죄책감 등의 감정에 빠져 있기 쉽다.

이런 상황에서 부모의 감정적 대응은 오히려 자녀의 상태를 악화시키기 쉽다. 부모는 무엇보다 침착하게 자녀의 이야기를 경청하고, 사안을 객관적으로 파악하는 것이 중요하다.

학교폭력 예방, 이렇게 할 수 있다

*

고통받는 학생이 적어도 또래 사이의 폭력과 괴롭힘에 시달리지 않고
'친구' 라는 버팀목을 간직하는 것,
그리고 아이들 스스로 시비를 판단하고 부당한 폭력에 반대하는 것.
이것이 모두가 바라는 학교의 모습이며, 미래 건강한 시민사회의 시작이다.
학교와 지역사회가 길을 닦고, 학생이 자주적으로 참여하는
학교폭력 대책이야말로 웃음이 가득한
학교를 만들 수 있다.

"관리는
통제의 기술이 아니라
관계를
이어가는 기술이다."

사례 관리 개념과 절차를 배우고,
실제 폭력 사안 해결에
적용하는 방법을 탐색한다.

- 사례 관리의 정의와 필요성 설명하기
- 사례 관리자의 전문성과 역할 파악하기
- 사례 관리의 단계별 과정(접수—사정—계획—개입—종결) 제시하기

유형별 사례 관리 노하우

01 사례 관리의 개념과 필요성

"효과적인 사례 관리는 대상자의 욕구를 정확히 파악하고, 적절한 서비스를 연계하며, 지속적인 모니터링을 통해 삶의 질 향상을 도모하는 통합적 과정이다(박윤경 외, 2022)."

사례 관리는 단순히 서비스를 전달하는 업무가 아니라, 클라이언트의 문제 상황을 다차원적으로 이해하고, 이를 토대로 맞춤형 개입 계획을 수립·실행·평가하는 전문적이고 전략적인 과정이다.

즉, 사례 관리의 궁극적인 목적은 클라이언트의 문제 해결 자체가 아니라 그가 스스로 삶을 주도적으로 회복하고 유지하도록 돕는 지속 가능한 변화를 만들어내는 데 있다.

1) 사례 관리의 개념

사례 관리는 복합적인 문제를 가진 개인이나 가족에게 통합적이고 개별화된 서비스를 제공함으로써, 이들의 삶의 질 향상과 자립성 증진을 지원하는 사회복지 실천 방법이다(홍선미, 2011). 즉, 단순히 '무엇을 도와줄지'를 결정하는 것이 아니라, 클라이언트의 욕구와 강점을 종합적으로 사정(assessment)하고, 필요한 자원(resource)을 탐색·연계하며, 개입 결과를 모니터링(evaluation & follow-up)하는 전 과정이 하나의 체계로 연결된 실천 방법이다.

따라서 사례 관리자는 단순한 서비스 제공자가 아니라, 조정자(coordinator), 옹호자(advocate), 평가자(evaluator)로서의 역할을 수행한다. 이러한 다차원적 역할 수행을 통해 클라이언트는 자신의 문제를 통합적으로 이해하고, 스스로 변화의 주체로 성장하게 된다.

2) 사례 관리의 필요성

현대 사회에서 아동 · 청소년, 장애인, 노인 등 다양한 계층은 경제적 어려움, 사회적 고립, 정서적 불안 등 복합적인 문제를 동시에 경험하고 있다. 이러한 문제는 단일 기관이나 전문가의 노력만으로 해결하기 어렵기 때문에 기관 간 협력과 다학문적 접근이 필요하다(최지선, 2014). 특히 학교폭력 예방 및 사후 개입 현장에서는, 피해 학생 보호, 가해 학생 교정, 학부모 상담, 지역사회 기관 연계 등 다양한 영역의 서비스가 요구된다. 이때 사례 관리 체계를 통해 각 서비스가 단절되지 않고 유기적으로 작동할 수 있으며, 다음과 같은 효과를 기대할 수 있다.

- **효율적 자원 연계** : 지역사회 복지관, 상담센터, 경찰서, 청소년지원센터 등과 협력하여 중복지원이나 누락을 방지
- **지속적 개입 체계 구축** : 일회성 지원이 아닌, 일정 기간 변화 과정을 추적하며 안정적인 회복을 도모
- **통합적 의사결정 지원** : 복수 기관의 전문가가 참여하여 클라이언트 중심의 개입 전략을 공동으로 수립.
- **학교 현장의 회복적 문화 확산** : 단순한 '문제 해결' 이 아니라 '관계 회복' 과 '재발 방지' 를 중시하는 통합적 접근 실현

3) 실제 사례

(1) 사례

지역사회 기반 통합 사례 관리의 효과

(2) 배경

부산 지역사회복지관에서는 50대 여성 A씨를 대상으로 사례 관리를 실시하였다. 초기 상담 결과, A씨는 실직 이후 경제적 어려움과 우울 증상을 동시에 호소하였다.

(3) 개입 과정

사례 관리자는 A씨의 상황을 종합적으로 평가하여

① 정신건강복지센터와 연계해 정기적인 심리상담을 제공하고

② 주민센터를 통해 긴급복지 및 주거비 지원을 신청하였으며

③ 지역자활센터의 직업훈련 프로그램을 안내하여 참여를 유도하였다.

(4) 결과

6개월 후, A씨는 정서적 안정감을 회복하였고, 일시적 경제 위기를 벗어나 자활 의지를 보였다. 또 대인관계와 일상생활 만족도가 뚜렷이 향상되었다.

(5) 해설

이 사례는 사례 관리가 단순한 상담이나 물질적 지원을 넘어, 다차원적 욕구를 통합적으로 진단하고, 다양한 기관과 자원을 유기적으로 연계하여 실질적 변화를 이끌어내는 과정임을 보여준다. 즉, 도와주는 일이 아니라 전문적이고 체계적인 변화관리 과정이라는 점이 핵심이다.

사례 관리는 문제 중심(problem-oriented) 접근이 아니라 사람 중심(person-centered) 접근을 지향해야 한다. 클라이언트의 '욕구' 뿐 아니라 '강점(strength)' 을 발견하여 이를 기반으로 개입을 설계하는 강점 관점(strength-based perspective)이 중요하다. 학교폭력 사례 관리의 경우, 학생 개인의 문제를 넘어서 가정-학교-지역사회 연계체계를 구축해야 하며, 관계 회복과 재통합을 목표로 하는 회복적 사례 관리(restorative case management)로 발전할 필요가 있다.

02 사례 관리자의 전문성

사례 관리는 다양한 영역의 전문가와 기관이 협력하는 통합적 과정이지만, 그 중심에는 사례 관리자(case manager)가 있다. 사례 관리자는 단순히 서비스를 연결하는 중개자가 아니라 클라이언트의 변화를 설계하고 조정하며 평가하는 핵심 전문가이다.

사례 관리자의 전문성은 **첫째**, 사람을 이해하는 인간적 감수성, **둘째**, 체계적인 사정 능력, **셋째**, 서비스 연계 및 조정 기술, **넷째**, 윤리적 판단력과 책임 의식에 기반한다.

1) 사례 관리자의 역할

사례 관리자의 주요 역할은 다음과 같다(김한영, 2012).

(1) 직접 서비스 제공자

직접적 서비스 제공자의 역할은 클라이언트와 협력 관계를 유지하면서 클라이언트의 욕구를 구체화하고, 그 욕구를 실현하는 것을 가로막는 장애요인을 확인하고 극복하도록 원조하는 것이다. 사례 관리자는 클라이언트가 자신의 욕구를 인식하고 이를 충족하기 위해 자신에게 초점을 두도록 함과 동시에 서비스에 접근할 수 있는 능력과 기술을 향상시키도록 하는 데 초점이 맞춰진다.

사례 관리자의 직접적 서비스 제공자로서 역할은 위기 개입가, 상담가이다.

첫째, 위기 개입가로서의 역할은 위기의 심각성을 사정하고 신속한 개입을 필요로 한다. 긴급 사례 관리에서 우선되어야 할 것은 위기 사정과 그에 대한 개입을 통해 안전을 확보하는 것이다.

둘째, 상담자로서의 역할은 클라이언트에게 지지적 환경을 제공하며 문제 해결과 미래를 위한 계획을 수립하도록 돕는 것이다. 클라이언트의 호소 내용을 적극적으로 경청하고 심리적 지지를 제공함과 동시에 위기 상황에 대해 인식하도록 정보를 제공해야 한다.

(2) 간접 서비스 제공자

서비스 제공자의 역할은 클라이언트의 욕구 실현을 위해 필요한 자원을 발견하고 이를 클라이언트와 연결하고 조정하는 활동, 제공된 서비스에 대한 평가를 통해 서비스의 질적 향상을 위한 활동하는 것이다.

사례 관리자의 간접적 서비스 제공자로서 역할은 조정자, 평가자이다.

첫째, 조정자로서의 역할은 클라이언트의 욕구를 초점화하고 실현에 이를 수 있도록 조정되어야 할 부분을 구체화하는 일련의 활동이라고 할 수 있다. 사례관리자는 클라이언트의 문제와 타인으로부터 원조를 필요로 하는 욕구를 동시에 사정해야 한다.

둘째, 평가자로서의 역할은, 사례 관리 과정을 모니터링하고 이러한 역할 수행을 통해서 재평가 과정을 거쳐 계획과 목표의 변경을 수행하는 것이다. 목표의 성취, 욕구 충족, 관련된 과업들의 수행 여부를 확인하고 결과들이 성취되어 가는 과정을 평가한다.

사례 관리자는 '문제를 해결하는 사람' 이 아니라, '변화를 조율하고 지속시키는 전문가' 다. **신뢰 형성→ 사정→ 자원 연계→ 개입→ 평가**의 전 과정을 윤리적 기준 속에서 통합적으로 관리한다는 점이 핵심이다.

2) 사례 관리자의 전문성 요구

사례 관리자는 다양한 상황과 복합적 문제에 대응하기 위해 다차원적 전문 역량을 갖추어야 한다. 다음 [표 8-1]은 사례 관리자의 전문성을 역량 영역별로 정리한 것이다.

[표 8-1] 사례 관리자의 전문성

역량 영역	필요 기술	구체적 설명	사례 예시
의사소통	신뢰 형성, 경청, 공감적 대화	언어적·비언어적 표현을 통해 클라이언트의 감정과 요구를 정확히 이해하고, 명확하게 정보를 전달한다.	A군 사례 : 학교적응에 어려움을 겪는 청소년과의 상담에서 비언어적 신호(손 떨림, 시선 회피)를 관찰하고, "지금 긴장되는 것 같아요. 천천히 이야기해 볼까요?"라는 피드백으로 신뢰 관계를 형성함
사정 (assessment)	심층 평가, 문제 구조화	심리적·사회적·경제적 상태를 종합적으로 파악하고, 문제의 원인과 자원을 동시에 탐색한다.	B양 사례 : 가정폭력 피해 아동의 학교생활 부적응 문제를 파악하기 위해 교사, 보호자, 사회복지사와 협력하여 가정·학교 환경을 다각도로 분석함
자원 연계	기관 협력, 자원 탐색	클라이언트의 욕구에 맞는 지역사회 자원(복지관, 병원, 상담센터 등)을 발굴·연결하고, 관계 기관과 협력 체계를 구축한다.	C가족 사례 : 저소득 가정의 건강 문제해결을 위해 의료기관, 지역복지관, 청소년지원센터와 협력하여 의료비 및 심리상담 지원을 동시에 제공함
개입·모니터링	계획 실행, 성과 점검, 재조정	개입 계획을 실행한 후, 주기적으로 결과를 평가하고 필요한 경우 개입 방향을 수정한다.	D군 사례 : 알코올 문제로 학교생활이 어려운 학생에게 금주 프로그램과 가족 상담을 병행실시. 3개월 후, 참여 태도와 가족관계 변화를 점검하며 개입 계획을 수정함
윤리적 판단	권리 보호, 비밀 보장, 동의 절차 준수	클라이언트의 개인정보를 보호하고, 서비스 이용 시 충분한 설명과 동의 절차를 거쳐 자율성을 존중한다.	E양 사례 : 사례 종결 단계에서 향후 지원 계획을 공유하며, 클라이언트의 동의서를 다시 확인하고, 정보가 외부에 유출되지 않도록 관리함

출처 : 박용오 외(2023), 사례관리 재구성

3) 전문성의 핵심 포인트

　전문성은 기술보다 태도에서 출발한다. 진정성, 존중, 공감의 태도가 있어야 신뢰가 형성되고 효과적인 개입이 가능하다. 통합적 사고 능력이 필수적이다. 한 가지 문제만 보지 않고, 클라이언트의 환경·가족·사회적 자원을 함께 고려해야 한다. 윤리의식이 전문성을 완성한다. 클라이언트의 인권을 보호하고, 그들의 선택을 존중하는 것이 사례 관리자의 기본 책무이다. 지속적인 자기 계발이 요구된다. 최신 복지정책, 지역자원 정보, 상담기법, 법적 지식 등을 꾸준히 학습해야 한다.

사례 관리자는 상담자이자 조정자인 동시에 옹호자다. 전문성과 윤리성을 바탕으로 클라이언트의 변화를 설계하고 지원하는 '통합적 변화 매니저' 가 되어야 한다.

03

사례 관리 과정

사례 관리는 단일한 사건이 아니라 체계적인 순환 과정(process)을 다룬다. 사례 관리 과정은 대개 **접수**(intake)→ **사정**(assessment)→ **계획**(planning)→ **개입**(intervention)→ **종결**(termination)의 다섯 단계로 구성된다. 각 단계는 서로 분리된 것이 아니라 상호작용적이며, 반복적인 모니터링과 평가를 통해 순환적으로 진행된다. 즉, 한 단계의 결과가 다음 단계로 이어지고, 필요에 따라 이전 단계로 돌아가 계획을 수정하거나 자원을 재조정하는 유연한 구조를 가진다.

1) 접수 단계

① 목적

사례 관리의 출발점으로, 클라이언트가 도움을 요청하거나 타 기관으로부터 의뢰되어 사례 관리 서비스 대상자로 등록되는 과정이다.

② 주요 활동

초기 면담을 통해 문제 상황, 기본 인적 사항, 서비스 욕구를 파악한다. 서비스 제공이 가능한지 판단하고, 다른 기관 연계가 필요한 경우 의뢰 절차를 진행한다. 개인정보 수집 및 활용에 대한 사전 동의서를 확보한다. 클라이언트와의 신뢰 형성 및 관계 구축의 기초를 마련한다.

③ **실천 포인트**

초기 단계에서 '판단' 보다 '경청' 을 우선한다. 클라이언트의 표현 속에 숨은 감정이나 욕구를 주의 깊게 관찰한다. 긴급한 위험(예: 자해, 학대, 폭력 등)이 있는 경우 즉시 보호 및 안전 조치를 병행한다.

④ **예시**

학교폭력 가해로 특별교육 명령을 받은 학생의 보호자가 복지관에 상담을 요청하였다. 사례 관리자는 초기 면담을 통해 가정 내 의사소통 단절과 학생의 분노 조절 문제를 확인하고, 정식 사례 등록을 결정했다.

2) 사정 단계

① **목적**

클라이언트의 문제 상황을 심층적으로 이해하고, 욕구와 강점을 종합적으로 분석하여 개입 방향을 설정하는 단계이다.

② **주요 활동**

개인, 가족, 학교, 지역사회 수준에서 클라이언트의 문제를 다차원적으로 분석한다. 심리적 · 사회적 · 경제적 · 환경적 요인을 종합 평가한다. 클라이언트의 강점(strengths)과 잠재적 자원을 함께 파악한다. 필요한 경우 심리검사, 사회조사, 교사 · 보호자 면담 등의 자료를 수집한다.

③ 실천 포인트

단순히 '무엇이 문제인가' 보다 '왜 그런 문제가 발생했는가' 를 탐색한다. 클라이언트의 주관적 경험을 존중하며, 스스로 문제를 인식하도록 돕는다. 객관적 자료(학교생활 기록, 상담일지 등)를 병행 활용한다.

④ 예시

가정폭력 피해로 불안 증세를 보이는 여중생 B양의 경우, 학교 상담교사, 담임, 보호자, 사회복지사 면담을 통해 심리적 불안뿐 아니라 경제적 곤란과 부모의 알코올 문제까지 확인되었다.

3) 계획 단계

① 목적

사정 결과를 바탕으로 구체적 목표와 개입 계획을 수립하는 단계이다. 계획은 클라이언트의 욕구, 자원, 변화 가능성에 따라 단기 · 중기 · 장기 목표로 구분한다.

② 주요 활동

개입의 우선순위를 설정하고, 목표를 구체적으로 진술한다. 서비스 제공의 방법(상담, 치료, 자원 연계 등)과 주체(기관, 담당자)를 명확히 한다. 목표 달성 시점을 명시하고 평가 기준(성과지표)을 설정한다. 계획 수립 과정에 클라이언트를 적극적으로 참여시켜 '공동 계획(shared plan)' 으로 만든다.

③ 실천 포인트

목표는 SMART 원칙(Specific, Measurable, Achievable, Relevant, Time-bound)에 따라 구

체화한다. 자원의 한계를 고려하여 실현가능한 계획을 세운다. 클라이언트가 동의하지 않은 계획은 실행력이 낮으므로 반드시 협의 과정을 거친다.

④ 예시

- 가해 학생 C군을 대상으로, 단기 목표 : 분노 조절 훈련 참여 및 4회기 이상 상담 지속
- 중기 목표 : 피해 학생과의 관계 회복 및 반성문 작성
- 장기 목표 : 학교 적응력 향상 및 재발 방지 행동 계획 수립

4) 개입 단계

① 목적

수립된 계획을 실제로 실행하는 단계로, 서비스 제공, 자원 연계, 상담 및 프로그램 참여, 가족 개입 등이 포함된다.

② 주요 활동

- 심리 · 정서 지원 : 개인 상담, 집단상담, 치료 프로그램 참여
- 사회적 지원 : 복지 서비스, 장학금, 의료 · 법률 지원 연계
- 가족 개입 : 부모 상담, 가족 치료, 가정 방문 등
- 학교 및 지역사회 협력 : 교사 · 전문가 · 기관 간 협업 네트워크 구축, 지속적 모니터링 및 기록 관리

③ 실천 포인트

개입 과정 중 정기적인 점검 회의(case conference)를 통해 진행 상황을 공유한다. 클라이언트의 변화나 상황 악화 시 즉시 개입 계획을 수정한다. 서비스의 질과 연계 효

율성을 지속적으로 평가한다.

④ 예시

우울 증상을 보이는 피해 학생 D양에게 주 1회 심리상담을 제공하고, 지역 정신건강 센터와 연계해 전문 치료를 병행하였다. 또 담임교사 및 학부모와의 소통 체계를 강화하여 학교 내 보호 체계를 구축하였다.

5) 종결 단계

① 목적

사례 관리의 목표가 일정 수준 달성되었을 때, 서비스를 종료하고 클라이언트가 자립적 생활을 유지할 수 있도록 지원하는 단계이다.

② 주요 활동

목표 달성 여부와 성과를 평가한다. 잔여 과제나 미해결 문제를 확인하고 향후 계획을 수립한다. 사후관리(follow-up) 일정을 안내하고, 필요하면 지역자원과 연결을 유지한다. 종결 과정에서 클라이언트의 정서를 안정시키고, 스스로 변화 과정을 인식하게 돕는다.

③ 실천 포인트

종결은 단순히 '끝남' 이 아니라, 새로운 자립의 시작으로 안내해야 한다. 클라이언트의 동의와 준비 상태를 확인한 후 종결한다. 종결 후 일정 기간 모니터링을 통해 재발이나 퇴행을 방지한다.

④ **예시**

알코올 문제로 상담을 받은 D군이 6개월간 금주를 유지하고 학교생활에 잘 적응하게 되었다. 사례 관리자는 종결 면담에서 향후 자기관리 계획을 함께 작성하고, 학교 상담교사에게 추후 모니터링을 의뢰하였다.

아하! 그렇구나

사례 관리는 '문제해결' 보다 '변화의 과정' 에 초점을 두어야 한다. 접수에서 종결까지의 각 단계는 단선적 흐름이 아니라, 평가와 피드백을 통해 순환적으로 발전하는 유기적인 과정이다.

04 학교폭력 사례 관리의 실제

학교폭력 사례 관리는 가해 학생과 피해 학생, 그리고 보호자를 모두 포함하는 통합적 접근이 필요하다. 사례 관리자는 **접수—사정—계획—개입—종결**의 단계에 따라 체계적으로 개입하며, 각 단계에서 학교·가정·지역사회와의 협력을 통해 학생의 회복과 관계 회복을 촉진한다.

1) 접수 단계

사례 관리의 출발점으로, 학교폭력 사안이 접수되면 사례 관리자는 사건의 기본 정보를 수집하고 개입 필요성을 판단한다. 이 단계에서는 객관적 사실 확인과 함께 학생 및 보호자의 초기 반응을 파악하는 것이 중요하다.

(1) 가해 학생 중심 개입

행위의 동기, 사안 인식 수준, 반성 여부 등을 파악한다. 초기 면담 시 비난보다는 '행동에 대한 책임과 변화 가능성'을 중심으로 접근한다. '왜 그런 행동을 했는가?' 보다 '그 상황에서 어떤 감정을 느꼈는가?' 라는 질문을 통해 정서적 요인을 탐색한다.

(2) 피해 학생 중심 개입

심리적 충격 정도, 신체적 피해, 학급 내 관계 변화를 초기 단계에서 평가한다. 즉각적인 보호 조치(예: 분리, 안전한 공간 확보, 상담 지원)가 병행되어야 한다.

(3) 보호자 중심 개입

사안에 대한 인식, 감정 상태, 협력 의지를 파악한다. 초기 단계에서 보호자 간 감정 대립이 심할 경우 중립적 입장에서 조율한다.

2) 사정 단계

접수된 정보를 바탕으로 학생의 개인적, 환경적 요인을 종합적으로 분석한다. 심리 검사, 교사 · 또래 관계 정보, 가족 환경 등을 포함한 다면적 사정이 필요하다.

(1) 가해 학생 사정 내용

공격성 수준, 충동 조절 능력, 또래 관계, 학교적응도, 가족 내 의사소통 방식 등을 파악한다. 청소년 자기통제 척도, 학교적응 검사 등을 활용할 수 있다.

(2) 피해 학생 사정 내용

트라우마 반응, 불안 · 우울 수준, 학업 및 사회적 위축 정도 등을 평가한다. 심리적 안정이 우선되므로 필요하면 외부 전문기관(청소년상담복지센터 등)과 연계한다.

(3) 보호자 사정 내용

양육 태도, 자녀와의 의사소통 방식, 문제 대처 능력 등을 평가한다. 가해 학생 보호자는 책임 의식과 재발 방지 노력의 의지를, 피해 학생 보호자는 신뢰 회복을 위한 협력 태도를 평가한다.

3) 계획 단계

사정 결과를 바탕으로 개별 사례 관리 계획을 수립한다. 이때 목표는 '행동의 변화'와 '관계 회복' 그리고 '심리 · 정서적 안정' 이다.

(1) 가해 학생 계획
① 목표 : 공격적 행동 감소, 공감 능력 향상, 대안적 문제해결력 증진
② 전략 : 분노 조절 훈련, 공감 · 의사소통 교육, 반성문 및 피해 구제 활동(사과문 작성 등)

(2) 피해 학생 계획
① 목표 : 심리적 회복, 자기 보호력 강화, 학급 내 안전한 재적응
② 전략 : 트라우마 회복 상담, 사회적 지지망 형성(또래 멘토링), 안전한 학급 복귀 계획 수립

(3) 보호자 계획
① 목표 : 자녀 지원 능력 향상, 자녀와의 긍정적 의사소통 강화
② 전략 : 부모 교육(감정 코칭, 의사소통 훈련), 가족 상담 연계

4) 개입 단계

사례 관리 계획에 따라 실제 개입이 이루어진다. 학교폭력 개입은 개별 상담, 집단

상담, 가정 방문, 학교 연계 프로그램 등 다양한 방식으로 진행된다.

(1) 가해 학생 개입

① 분노 조절 및 공감 훈련 프로그램 : 6회기 프로그램을 통해 자신의 감정을 인식하고 타인의 감정을 이해하는 능력을 증진시킨다.

② 지역사회 봉사활동 참여 : 피해 구제의 의미를 체험적으로 이해하게 하여 책임감을 강화한다.

(2) 피해 학생 개입

① 회복적 대화 프로그램 : 피해 경험을 안전한 환경에서 표현하고, 감정 인정을 통한 자존감 회복을 돕는다.

② 심리 상담 및 학급 복귀 지원 : 담임교사 · 상담교사 협력으로 등교 적응을 지원한다.

(3) 보호자 개입

① 가해 학생 부모 : 자녀의 행동 변화를 지속적으로 점검하고, 가정 내 규칙 설정 및 감독 강화한다.

② 피해 학생 부모 : 자녀의 불안 완화를 위한 정서적 지지와 일상 회복을 촉진한다.

5) 종결 단계

사례 관리 목표가 일정 부분 달성되면 종결 절차를 진행한다. 종결 시점에서는 개입 성과를 평가하고, 재발 방지를 위한 사후관리 계획을 마련한다.

(1) 성과 평가 내용

① 가해 학생 : 행동 변화, 자기 통제력 향상, 학교생활 태도 개선 여부

② 피해 학생 : 심리적 안정, 학업 및 사회적 기능 회복 여부

③ 보호자 : 자녀와의 관계 개선, 지속적 지원 가능성

(2) 사후관리 전략

① 3~6개월 단위의 추후 면담 실시

② 지역사회 청소년 지원기관 및 학교 상담 실과의 연계 유지

③ 학급 내 또래 관계 모니터링

 **사례**

중학교 2학년 A군은 친구 B군을 반복적으로 놀리고 밀치는 행동을 하여 학교 폭력으로 접수되었다.

① 개입

- A군은 분노 조절 및 공감 훈련 프로그램에 참여하고, 피해 학생에게 직접 사과와 회복적 대화를 진행하였다.
- B군은 학교 상담실에서 심리상담을 받고, 담임교사의 지도로 학급 내 재적응을 지원받았다.
- 양측 보호자는 학교의 중재 아래 협의 과정을 통해 관계 회복 의지를 확인하였다.
- 결과 : 3개월 후 두 학생은 서로 간의 오해를 해소하고, 학급 내 상호 존중 관계로 회복되었다.

학교폭력 사례 관리의 핵심은 통합적 지원과 회복 중심 접근이다. 가해 학생에게는 재사회화의 기회를, 피해 학생에게는 심리적 회복의 기반을 제공하며, 보호자와 학교가 협력하여 지속적인 사후관리를 수행할 때 진정한 관계 회복이 가능하다.

이거 알아요?

☑ 사례 관리는 사안 종결 이후에도 이어져야

학교폭력 사례 관리는 사건 접수부터 학교폭력대책심의위원회 개최 여부 결정, 가해 학생 조치 및 피해 학생 보호 조치, 그리고 후속 관리까지의 전 과정을 포함한다. 당면 핵심 과제는 증거 수집을 통해 객관적인 사실관계를 명확히 하고, 피해 학생 보호와 가해 학생 교육으로 재발을 방지하는 데 둔다.

8장에서는 가상 사례를 활용한 사례 관리 계획 세우기, 사례 관리 과정 다이어그램 작성하기, 효과적 개입 전략 토의하기 등의 과정을 알아보았다.

'학교폭력 피 · 가해 학생 사후 모니터링' 체계 가동

사례 관리는 사건 발생 후 종결까지의 전 과정에 포괄하지만, 사건 종결 이후에도 지속적인 상담과 관리로 재발 방지에 힘쓰고 피해 학생의 정서 회복을 지원할 필요가 있다. 실제로 학교폭력 사안 처리 종결 이후에도 학생들의 정서적 안정을 돕고 재발을 예방하기 위해 '학교폭력 피 · 가해 학생 사후 모니터링' 체계를 가동하는 교육청도 있다.

대개는 학교폭력대책심의위원회 결정이나 학교장 자체 해결로 사안이 종결되면 사건이 끝난 것으로 인식했지만, 피해 학생은 불안 · 우울 · 대인기피 등 심리적 후유증을 겪는 사례가 적지 않았다. 가해 학생 역시 징계만으로는 행동 변화와 재발 방지가 충분하지 않다는 지적이 꾸준히 제기돼 왔다.

그러므로 사건 종결이 곧 해결이 아니라는 인식으로 피해 학생과 가해 학생 모두를 대상으로 한 사후 모니터링 체계를 구축하여 진정으로 완결될 때까지 관리할 필요가 있다. 그런 제도는 피해 학생과 가해 학생이 일정 기간 정기적인 상담과 관리를 받을 수 있도록 지원해, 학생들이 일상생활을 실질적으로 회복하도록 돕는다.

피해 학생의 경우, 심의위원회 보호 조치를 받은 뒤 동의서를 제출하면 사안 종결 후 적어도 3~6개월 동안 정기 상담을 통해 정서 안정 상태와 2차 피해 여부를 확인할 필요가 있다.

가해 학생은 6호 조치 이상을 받은 경우를 대상으로 반성 정도와 재발 방지 태도를 점검하고, 필요하면 생활 습관 개선 지도를 병행하도록 한다.

또 관계 개선지원단과 상담교사가 함께 참여하는 관계 회복 프로그램을 운영해 피해 학생과 가해 학생 간의 갈등을 조정하고, 학급 단위의 관계 개선 프로그램도 추진하여 공동체 내 신뢰 회복을 지원할 필요가 있다.

상담일지와 모니터링 자료는 데이터베이스화하여 교육청 정책 및 일선 학교 운영 개선에 반영하고, 이를 기반으로 사이버폭력 · 언어 폭력 등 유형별 맞춤형 예방 교육도 강화하면 좋을 것이다.

가해 학생의 심리적 특성을 이해하고,
책임감 회복과 사회적 기술을 기르는 개입 방법을 제시한다.

- 가해 학생의 심리적 특성과 변화 포인트 제시하기
- 책임 강화 및 행동 수정 프로그램 적용하기
- 사회적 기술 향상 방안 설계하기

가해 학생 케어는 처벌보다는 변화에 초점

01

심리적 특성과 개입 포인트

"가해 학생에 대한 효과적 개입은 단순한 처벌을 넘어 심리적 이해, 행동 교정, 관계 회복을 통합적으로 적용하여 긍정적 사회적 기능과 책임감을 형성하는 과정이다(Susan M. Swearer 외, 2009)."

피해 학생뿐 아니라 가해 학생도 케어 대상이다. 단순한 지도나 제재의 차원을 넘어 심리·행동·사회적 영역을 통합적으로 이해하고 개입하는 교육적·상담적 접근이 케어의 근본 방향이다. 이는 학생의 일시적 비행을 교정하는 것을 넘어 자기 조절력, 공감력, 사회적 책임감을 함양하여 건강한 또래 관계 형성과 전인적 성장으로 이어지도록 하는 것을 목표로 한다.

1) 가해 학생의 심리적 특성

가해 행동은 단순히 규율 위반이나 공격 성향의 결과가 아니라, 개인 내 심리적 불안정, 사회적 기술 부족, 왜곡된 자기 인식 등 복합적 요인에서 비롯된다(Steinberg, 2019:Crick & Dodge, 1994).

[표 9-1] 가해 학생의 심리적 특성

구분	심리적 특성	구체적 양상	개입에서 고려할 점
정서적 불안정	분노 조절의 어려움, 충동적 반응, 낮은 좌절 내성	작은 자극에도 과도한 반응을 보이며, 문제 상황에서 감정을 언어로 표현하지 못함	감정 인식 훈련, 분노 조절 프로그램 필요
사회적 기술 부족	공감 부족, 대인관계 기술 미숙, 갈등 상황에서 공격적 대처	타인의 감정에 둔감하며, 비난·조롱 등으로 갈등을 해결하려 함	또래 관계 기술 및 의사소통 훈련 강화
자아존중감 저하	부정적 자기 인식, 피해자에 대한 방어적 공격 행동	스스로 무가치하다고 느끼며, 자신을 지키기 위한 공격적 태도	긍정적 자기 개념 형성 및 강점 기반 접근
도덕적 판단 미숙	타인의 고통에 대한 인식 부족, 책임 회피 경향	"장난이었다", "상대가 먼저 그랬다" 등의 합리화	도덕·공감 교육, 책임감 강화 활동 병행

가해 행동은 악의적이라기보다 미성숙한 정서·인지·사회적 발달의 표현일 수 있다. 따라서 교정보다는 **이해와 회복을 중심으로 한 교육적 개입**이 필요하다.

2) 개입 포인트

가해 학생 교정은 **'심리 상담–사회적 기술 훈련–행동 교정–관계 회복'**의 순환 구조로 이루어진다. 각 단계는 학생의 발달 수준, 학교 환경, 가족 요인을 고려하여 개별화되어야 한다.

① 심리 상담
- 개념 : 감정 인식 및 자기 조절 능력을 향상시키는 것을 말한다.

- 목적 : 학생이 자신의 감정 상태를 인식하고, 이를 적절히 표현·통제할 수 있는 능력 강화
  - 개입 내용 : 분노 인식·표현 훈련(예 : 감정 일기, 감정 색깔표 활용), 인지행동치료(CBT)를 통한 부정적 자동사고 교정, 개인 상담을 통한 공격 행동의 내적 원인 탐색
  - 기대 효과 : 충동적 반응 감소, 자기 조절력 향상, 정서적 안정 증진 등이 있다.

② 사회적 기술 훈련

  - 개념 : 공감과 의사소통 능력 향상
  - 목적 : 또래 관계 속에서 비폭력적·협력적 대인관계를 형성할 수 있는 기술 습득
  - 개입 내용 : 역할극을 통한 '상황 공감 훈련', 의사소통 기술 교육('I-Message', 경청 훈련 등), 갈등 해결 시 협상·타협 기술 지도
  - 기대 효과 : 타인 감정에 대한 인식 강화, 갈등 상황에서 비공격적 해결 촉진

③ 행동 교정

  - 개념 : 부정적 행동 감소 및 긍정적 행동 강화
  - 목적 : 구체적 행동 변화를 유도하고, 일상적 습관 속에 긍정적 행동을 내면화
  - 개입 내용 : 행동 계약서(Behavior Contract) 작성 및 이행 점검, 긍정적 행동 강화(칭찬, 점수제, 보상 체계 등), 학교 내 멘토 교사 배정으로 지속적 피드백 제공
  - 기대 효과 : 규칙 준수 습관화, 책임 있는 행동 양식 형성

④ 관계 회복

  - 개념 : 피해자 및 또래와의 긍정적 상호작용 회복
  - 목적 : 관계적 신뢰 회복과 사회적 책임감 강화
  - 개입 내용 : 피해자 의사에 근거한 회복적 대화(RC) 운영, 학교 내 봉사활동, 공동

프로젝트를 통한 협력 경험 제공, 사과문 작성 및 반성 일지 작성 후 지도교사 피드백

- 기대 효과 : 타인에 대한 배려 인식 향상, 관계적 책임감 내면화

사례 9-1 중학교 2학년 G군

G군은 친구를 반복적으로 괴롭히고, 온라인상에서 피해 학생을 비하하는 행동을 지속하였다. 초기에는 교내 징계(봉사활동, 반성문 작성 등)만 적용했으나, 일정 기간 후 유사한 행동이 재발하였다. 이에 학교는 심리상담·행동 교정·관계 회복 프로그램을 통합적으로 적용하였다.

- 1단계 : 학교 전담 상담교사와의 개인 상담을 통해 분노 유발 요인을 탐색하고 감정 조절 훈련 실시

- 2단계 : 사회성 향상 프로그램 참여(의사소통 훈련, 또래 역할극 등)

- 3단계 : 피해 학생과의 회복적 대화 진행 및 공동 학급 활동 참여

- 결과 : 3개월 후 G군의 공격적 언행은 현저히 감소하고, 피해 학생과의 관계가 회복되었으며, 교사 평가에서도 자아존중감과 자기조절능력이 향상된 것으로 관찰되었다(Susan M. Swearer 외, 2009).

아하! 그렇구나

단순한 징계 중심 개입은 재발률 감소 효과가 낮으며, 심리·행동·관계적 접근의 통합이 필요하다. 가해 학생 개입은 '교정'이 아닌 '성장' 과정으로 이해되어야 하며, 학교는 이를 지원할 지속적 사례 관리 시스템을 구축한다.

02

책임 강화 및 행동 수정 프로그램

"가해 학생이 자신의 행동 결과를 인식하고 책임을 지도록 하는 것은 행동 수정의 핵심이다(Fronius 외, 2016)."

학교폭력 가해 학생 개입의 목표는 단순한 처벌이나 반성의 표현을 넘어, 자신의 행동이 타인과 공동체에 미친 영향을 이해하고 책임지는 과정을 학습시키는 것이다. 이는 곧 행동 수정(behavioral change)과 책임 강화(accountability)를 동시에 추구하는 회복적·교육적 접근(restorative and educational approach)의 실천이다.

1) 통합 실습 목표

[표 9-2] 통합 실습 목표

구분	세부 목표	기대 성과
사례 관리 원리 이해	접수 → 사정 → 계획 → 개입 → 종결의 구조를 실제에 적용	사례 기반 통합적 사고력 향상
심리·행동 분석 및 맞춤 개입설계	가해 학생의 심리·사회·환경 요인 종합 분석	맞춤형 개입 전략 수립
회복적 서클 및 사회적 기술훈련 적용	회복적 대화, 공감 훈련 실습	책임 인식 및 관계 회복 경험
모니터링 및 평가 계획 수립	개입 효과의 지속성 점검 체계 마련	사례 관리 역량 강화

2) 사례 통합 분석

(1) 사례 제공

- 사례 A 중학교 G군 : 또래 괴롭힘 반복, 온라인 비하 포함
- 사례 B 청소년 B양 : 가정폭력 노출로 정서 불안 및 학습 저하

(2) 통합 분석 포인트

[표 9-3] 사례 통합 분석

항목	사례 A	사례 B	통합 관점
심리적 상태	충동적, 분노 폭발	불안, 낮은 자존감	감정 조절, 자기 인식 강화 중심 개입
사회적 기술	공감 부족, 갈등 해결 미숙	또래 관계 소극적	사회적 기술 훈련 및 관계 회복 병행
환경 요인	학교 내 갈등, 부모의 무관심	가정 불안정, 교사 지원 필요	다기관 연계를 통한 통합 사례 관리
개입 포인트	행동 수정, 회복적 서클	정서 지원, 학습 멘토링	심리 · 행동 · 환경 통합 개입 계획 수립

3) 통합 개입 계획

(1) 단계별 계획

[표 9-4] 통합 개입 단계별 계획

단계	주요 활동	참여자	기대 효과	사례 연결
접수	초기 면담, 정보 수집, 위험도 확인	교사, 상담사	개입 우선순위 결정	G군, B양
사정	심리 · 사회 · 환경 평가, 가족 면담	상담사, 교사, 가족	문제 및 강점 파악	G군 : 공격성 / B양 : 정서 불안
계획	SMART 목표 수립, 기관 연계 (정신 건강센터, 복지관 등)	상담사, 학교, 지역센터	체계적 개입설계	G군 : 행동+사회 / B양 : 정서+학습
개입	상담, 행동 수정, 회복적 서클, 사회적 기술훈련	상담사, 교사, 또래	행동 변화 및 관계 회복	사례별 맞춤 활동 적용
모니터링 · 평가	월간 보고, 사례 회의, 중간 조정	사례 관리자, 교사	개입 효과 점검 및 강화	지속적 피드백
종결	목표 달성 평가, 후속 지원 계획	사례 관리자, 부모	자립적 행동 유지 및 재발 방지	추후 상담 연결

□ **시각 안내**

- 이 과정을 교재에서는 순환형 화살표 도식으로 제시하며, 상단에는 '지속적 모니터링과 피드백' 이 흐름을 따라 표시된다. 즉, 각 단계가 직선이 아니라 **반복적 · 순환적 과정**임을 시각적으로 표현한다.

(2) 구체적 개입 사례

① **사례 A : G군**(중학교 2학년)

- 심리 상담 : 감정 일지 작성, 자기 인식 및 분노 조절 훈련

- 행동 수정 : 역할극, 행동 계약서, 긍정 행동 보상 시스템

 - 회복적 서클 : 피해자와 교실 공동체 참여, 사과 및 책임 서약

- 사회적 기술훈련 : 공감 표현, 갈등 상황에서의 비폭력적 대처법 실습

- 결과 : 12주 후 공격적 행동이 현저히 감소, 피해 학생과의 관계 회복, 교사 관찰에서 협력 행동 증가

② 사례 B : B양(고등학교 1학년)

- 정서 지원 : 주 1회 개인 상담, 감정표시 카드 활용 정서 표현 훈련

- 학습 지원 : 교내 멘토링, 자아존중감 향상 학습 코칭

- 가족 연계 : 부모 상담을 통한 가정 내 의사소통 개선

- 사회적 기술 : 소그룹 활동 참여, 긍정 피드백 강화

- 결과 : 학교생활 참여도 향상, 불안감 감소, 교우 관계 개선 및 자기효능감 향상

(3) 학습활동 예시

① 활동 A : 통합 개입 계획 작성

- 사례 분석(심리 · 사회 · 환경 요인 도출)

 - 단계별 개입 목표 설정(SMART 방식)

- 기관 연계 및 담당자 지정

- 모니터링 방법과 평가 지표 설정

* 실제 사례를 기반으로 한 개입 설계 역량 강화

② 활동 B : 회복적 서클 모의 실습

- 역할 분배(가해자 · 피해자 · 중재자 · 관찰자)

- 회복적 질문("당신의 행동이 상대에게 어떤 영향을 미쳤나요?" 등) 활용 대화

- 개선 행동 계획 작성 및 발표
- 피드백 · 조정

실습을 통해 학생 및 교사는 '이론—사례—실천' 간의 연결고리를 학습하게 되며, 통합적 개입이 실제로 어떻게 작동하는지를 체득할 수 있다.

4) 책임 강화 및 행동 수정 프로그램

(1) 통합적 접근의 필요성

사례 관리와 가해 학생 개입은 심리 · 행동 · 사회 · 환경 영역을 동시에 고려해야 실질적 변화를 유도할 수 있다.

(2) 단계적 개입

접수 → 사정 → 계획 → 개입 → 모니터링 → 종결의 과정은 선형이 아닌 순환적 구조로, 지속적 피드백이 중요하다.

(3) 회복적 서클의 가치

단순 사과가 아닌 책임 자각, 관계 회복, 공동체 신뢰 회복을 핵심 목표로 한다.

(4) 실습 중심 학습

이론을 실제로 적용해보는 실습 활동은 사례 관리자와 교사 모두에게 개입 역량을 강화시킨다.

사례 9-2 고등학교 H양

- H양은 급우를 반복적으로 괴롭히는 행동을 지속하였다.

- 학교는 책임 강화 및 행동 수정 프로그램을 10주 간 적용하였다.

- 초기에는 자기 인식 및 분노 조절 훈련을 실시하였다.

- 중기에는 회복적 서클을 통해 피해자와의 대화를 진행하였다.

- 후반에는 긍정적 행동 강화제도를 통해 학급 내 협력 활동을 수행하였다.

- 결과 : H양은 자신의 행동이 타인에게 미친 영향을 인식하고, 피해자에게 진심으로 사과하였다. 교내 집단 활동에서 협력적 행동이 증가하고, 교사와의 관계에서도 신뢰가 회복되었다(Fronius, 2016).

아하! 그렇구나

책임 강화와 행동 교정은 상호보완적이다. 책임 의식 없는 행동 교정은 일시적 변화에 그치며, 행동 교정 없는 책임 의식은 실질적 관계 회복으로 이어지지 않는다. 학교폭력 개입의 핵심은 회복적 성장이다. 가해 학생이 자신과 타인을 모두 이해하고, 공동체의 일원으로서 책임을 다하는 성숙한 시민으로 성장하도록 돕는 것이 최종 목표이다.

03 관계 회복과 사회적 기술 훈련

　가해 학생의 행동 교정이 성공적으로 이루어지기 위해서는 단순한 처벌이나 상담을 넘어, 관계 회복과 사회적 기술 향상이 함께 이루어져야 한다. 이는 학생이 다시 공동체 내에서 신뢰받는 구성원으로 재통합되는 핵심 단계이다.

1) 회복적 정의 접근

　회복적 정의는 가해자와 피해자, 그리고 학교 공동체 구성원들이 함께 참여하여 피해 상황을 이해하고, 책임을 자각하며, 관계를 회복하는 과정을 중심으로 한다 (Ernesto Lodi, 2021). 이 접근은 단순한 사과나 화해가 아닌, 가해 행동의 원인과 결과를 공동체적으로 성찰하고 재발 방지 계획을 함께 세우는 교육적 회복 과정이다.

※ 핵심 원리

- 관계 중심성 : 개인의 처벌이 아닌 관계의 회복을 우선시
- 참여적 대화 : 가해자 · 피해자 · 중재자 · 또래가 모두 발언권을 갖는 평등한 대화
- 책임 인식 : 자신의 행동이 타인과 공동체에 미친 영향을 자각
- 미래 지향성 : 재발 방지와 공동체 신뢰 회복을 위한 구체적 행동계획 수립

다음 그림은 관계 회복에서 사과가 끝이 아니라 상호 이해 · 책임 · 신뢰 회복의 순환적 과정임을 시각적으로 표현한 것이다.

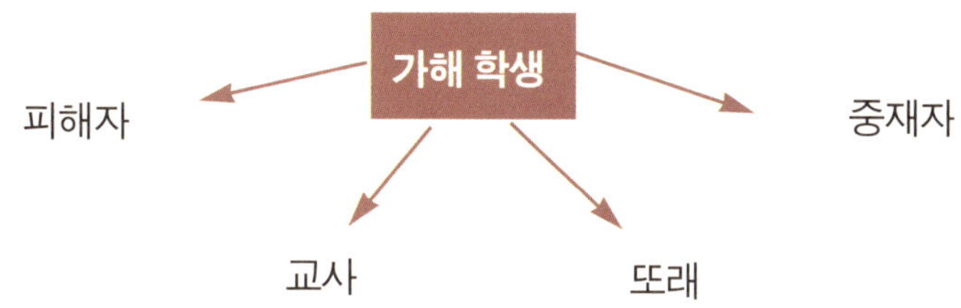

[그림 9-1] 회복적 서클 구조

2) 사회적 기술 훈련

사회적 기술 훈련(social skills training)은 가해 학생이 타인과의 관계 속에서 건전한 의사소통, 공감, 협력 행동을 학습하도록 돕는 핵심 프로그램이다. 이는 가해 행동의 재발을 예방하고, 학교 내 사회적 적응력을 높인다.

[표 9-5] 사회적 기술 훈련

기술 영역	내용 및 활동 예시	기대 효과
갈등 해결	역할극, 시뮬레이션을 통해 다양한 갈등 상황 대처 연습	상황 판단력 및 대화 중심 해결 능력 향상
공감 능력 향상	피해자 입장에서 느껴보기, 감정 표현 훈련, 영화 · 사례 활용	타인 감정 이해 및 공격적 반응 감소
협력적 의사소통	그룹 과제, 토론, 서클 대화	존중 기반의 상호작용 능력 향상
자기조절 및 감정 관리	감정 일기, 스트레스 대처법 훈련	충동 조절력 및 자기 인식 능력 향상

사례 9-3 중학교 M군

관계 회복과 사회적 기술 훈련이 결합 될 때 공동체 내 행동 변화가 안정적으로 유지됨을 보여준다.

- M군은 온라인에서 친구를 지속적으로 비하하며 교내 관계가 단절된 상태였다.
- 이후 회복적 서클과 사회적 기술 훈련을 병행한 결과, 감정 표현 및 공감 능력이 향상되었다.
- 3개월 후 학급 내 활동 참여도와 출결이 개선되었다(Ernesto Lodi, 2021).

3) 가해 학생 교정 과정의 통합적 흐름

다음 그림에서 보는 바와 같이 각 단계는 순차적으로 진행되지만, 평가와 조정이 반복되어 학생의 변화를 지속적으로 강화한다. 학교폭력 사례 관리에서는 이런 순환 구조가 학생의 자기 변화 · 관계 회복 · 공동체 적응을 동시에 촉진한다.

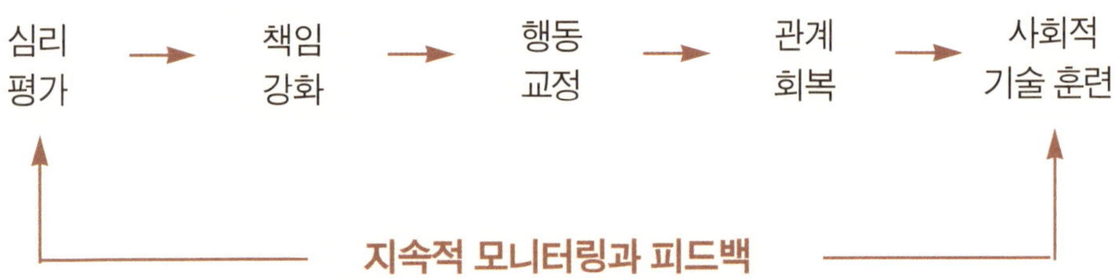

[그림 9-2] 가해 학생 교정 과정 흐름도

4) 학습 활동 예시

(1) 활동 A : 가해 학생 사례 분석 및 개입 계획 수립

- 목표: 실제 사례를 분석하여 심리 · 행동 · 사회 영역별 개입 전략 수립

- 절차 : 사례 자료 제공(심리 상태, 가정환경, 학교 기록), 문제 우선순위와 개입 목표 설정(예 : 자기조절 향상, 관계 회복), 단계별 개입 활동 설계(상담, 행동 수정, 사회적 기술훈련), 모니터링 방법 및 평가 지표 설정(예: 공격 행동 감소율, 사회적 참여도 변화)

(2) 활동 B : 회복적 서클 모의 실습

- 목표 : 관계 회복과 책임 자각의 실제적 경험
- 절차 : 역할 분배(가해자, 피해자, 중재자, 관찰자), 회복적 질문을 활용한 대화 진행("당시 어떤 감정을 느꼈나요?", "이 행동이 상대방에게 어떤 영향을 주었을까요?", "앞으로 어떻게 행동을 바꾸면 좋을까요?"), 행동 개선 계획 작성 및 공유, 피드백 및 조정(감정표현과 공감 표현에 대한 집단 피드백)

(3) 실습으로 실제 효과 확인

실습을 통해 학생과 예비 상담자들은 이론과 실제의 연결성, 회복적 대화의 구조, 감정 인식의 중요성을 체득할 수 있다.

가해 행동은 심리적·사회적 요인과 밀접하며, 단순 처벌로는 근본적 변화가 어렵다. 책임 강화, 행동 교정, 관계 회복, 사회적 기술 훈련을 통합적으로 설계해야 한다. 회복적 정의 접근은 대화와 참여를 통한 관계 회복과 공동체 신뢰 재구축을 가능하게 한다. 반복적 모니터링과 피드백은 행동 변화의 지속성과 내면화를 돕는다. 사례 기반 실습과 회복적 서클 활동은 실제 현장에서의 적용 능력을 강화한다.

☑ 문제 해결의 열쇠는 상담에 있다

학교폭력 사건이 일어나면 일부 교사는 당황하여 '어떻게 해야 할지 모르겠다' 고 한다. 특히 학부모 대하기 어려워 어떻게든 빨리 수습되어 끝나기만을 바란다.

이런 태도는 피해 학생 부모의 불신을 사고, 가해 학생 부모의 오해를 부른다. 피해 학생의 상처를 공감하고 이해하지 못한 상태에서 그저 빨리 해결하려고만 든다면 문제를 은폐하거나 축소하려 한다는 피해 학생 부모의 오해를 사게 된다. 게다가 가해 학생 부모는 교사의 그런 태도를 가해 학생을 동정하거나 편드는 것으로 받아들일 가능성이 크다. 그리하여 교사의 그런 태도는 그러잖아도 갈등 상태에 있는 양쪽 부모의 싸움에 기름을 붓는 격이 되고 만다.

이런 상황을 피하고 사태를 신속하고도 공정하게 처리하려면 각 상대에 따른 상담의 요령과 기술이 필요하다.

9장에서는 가해 학생 상담 시나리오 작성하기, 행동 교정 프로그램 모의 설계하기, 관계 회복 훈련 플랜 만들기 등의 과정을 알아보았다.

▶ 피해 학생 상담

- 진심 어린 위로를 건네고, 굳은 해결 의지를 보인다.

- 피해 상황을 정확히 파악하고, 학생의 요구사항을 전달받는다.

- 피해 학생의 감정을 솔직하게 표현하도록 한다.

- 향후 안전을 위해 필요한 조치와 방안을 말한다.

▶ 가해 학생 상담

- 상담 의도를 전하고 폭력 사실을 알고 있음을 알린다.

- 상황을 정확히 파악하고 폭력을 당장 멈출 것을 말한다.

- 폭력을 저지른 이유를 묻고 재발 방지를 다짐받는다.

- 기대를 전하고 향후 처리 과정과 절차를 설명한다.

피해 학생 부모와 가해 학생 부모에 대한 상담도 매우 중요하다. 피해 정도를 정확히 알리고, 부모의 감정을 공유하면서 재발 방지 프로그램 운영을 약속하고 참여를 요청한다. 피해 학생 부모에게는 모든 수단을 동원해 학생을 보호할 것을 약속한다. 가해 학생 부모에게는 폭력은 어떤 경우에도 용납할 수 없음을 알리고, 진심 어린 사과의 중요함을 알린다.

피해 학생의 이해와 회복 지원을 중심으로
안전망과 자존감 회복 프로그램을 탐구한다..

- 피해 학생의 외상 반응 설명하기
- 심리적 회복과 자존감 향상 방안 찾아보기
- 재피해 예방 시스템 설계하기

피해 학생 케어는
자기 신뢰부터

01 외상 이해와 심리적 지원

1) 피해 학생 케어가 교사의 핵심 업무인 이유

학교폭력의 피해는 단순한 사건의 결과가 아니라, 심리적·사회적 신뢰의 붕괴라는 깊은 상처를 남긴다. 물리적 상처는 치료될 수 있으나, 자존감의 손상·관계 불신·타인에 대한 두려움은 학생의 발달 전반에 장기적으로 영향을 미친다. 피해 학생은 종종 다음과 같은 복합적 후유증을 겪는다.

① 불안, 우울, 수면 장애, 집중력 저하
② 학업 중단 및 학교 회피
③ 자기 비난과 무력감
④ 자살 사고 및 자기 파괴적 행동

이러한 심리적 후유증은 개인의 문제가 아니라 학교 공동체 전체의 안전과 회복력(resilience)에 직결된다. 따라서 교사·상담자·보호자·학교 행정·지역사회(청소년 상담복지센터 등)가 협력하여 '**안정화→ 회복→ 재적응**' 의 연속적 케어 시스템을 제공하는 것은 교육적 의무이자 인도적 책임이다.

2) 외상이란 무엇인가 : 피해의 내면화 구조

학교폭력 피해는 종종 학생의 신체적·정서적·인지적 체계에 깊이 각인되어 이후의 학습, 관계, 자기 인식에 지속적인 영향을 준다. 외상(trauma)은 단순히 '기억하기 싫은 사건'이 아니라 '통제 불가능한 두려움과 수치심이 신경계에 각인되어 재경험되는 심리적 상처'이다.

피해 후 학생에게 나타나는 4대 핵심 반응은 다음과 같다.

[표 10-1] 피해 학생의 4대 핵심 반응

유형	설명	구체적 반응 예시
재경험(re-experiencing)	외상 장면이 반복적으로 떠오르며 불안, 공포, 악몽을 유발	"그때 영상이 머릿속에서 안 떠나요."
회피(avoidance)	외상과 관련된 사람·장소·상황을 피하려는 경향	학교 결석, SNS 탈퇴, 친구 단절
과각성(hyperarousal)	사소한 자극에도 과도하게 반응, 긴장 상태 지속	심장 두근거림, 분노 폭발, 불면
내면화(self-blame)	자신에게 책임을 돌리며 수치심·무가치감 경험	"내가 먼저 말을 걸지 말았어야 했어요."

이러한 반응이 장기화하면 외상후스트레스장애(PTSD), 만성 우울, 대인기피, 자해 행동으로 발전할 수 있다. 특히 디지털 폭력(합성사진 유포, 사이버 따돌림)은 반복 노출이 가능하므로 피해의 재경험이 온라인 환경에서 끊임없이 재생산된다는 점에서 심리적 파괴력이 매우 크다.

3) 심리적 지원 : 단계별 원칙과 기법

피해 학생 지원의 핵심은 **속도보다 순서**이다. 충분히 안정화되지 않은 상태에서 감정표현이나 의미화에 바로 들어가면 오히려 재외상을 유발할 수 있다. 이에 따라 국내외 지침(WHO, APA, 한국청소년상담복지개발원 등)은 다음의 3단계 모델을 실무적 표준으로 제시한다.

[표 10-2] 피해 학생 심리 지원 3단계 모델(안정화→ 회복→ 재적응)

단계	핵심 목표	실무적 기법	유의사항
안정화 (stabilizatcion)	신체적 · 정서적 안전 확보, 위기 반응 완화	즉각적 분리, 안전한 공간 확보, 비폭력적 언어 사용, 호흡 훈련 · 이완 스크립트, 응급 심리 지원, 증거 보존 안내	피해자의 참여 의사(컨센트) 확인 필수. 자살 위험 시 전문기관 즉시 의뢰
회복 (recovery)	감정표현과 의미 재구성 (트라우마 내러티브 작업)	감정 일기 · 미술 · 음악 치료, 단기 인지행동상담(CBT), 정서 표현 · 자기 이해 훈련, 가족 상담 병행	감정표현 시 재외상 유발 가능성 주의, 회복 속도는 개인차 고려
재적응 (readjustment)	사회적 유대 회복, 학업 · 일상 복귀	또래 멘토링, 학급 재통합 프로그램, 학습 보충, 진로 상담, 장기 모니터링	교사 · 상담자 · 보호자 협력 체계 유지, 재피해 예방 점검

'상담실로 옮기는 것'만이 안정화가 아니다. 피해자가 통제감을 되찾는 경험(예 : "지금 쉬어도 괜찮아요", "다음에 이야기해도 돼요")이 회복의 시작이다. 치료보다 관계적 안정감이 우선이다. 담임 · 상담교사가 일관된 태도와 언어로 신뢰를 제공해야 한다.

4) 실제 교실 사례

🧑‍⚕️ 사례 A "알림음만 울려도 심장이 뛴다"

중학교 2학년 A양은 단체 채팅방에서 합성사진이 유포되는 디지털 폭력 피해를 경험했다. 그 후 휴대전화 알림음만 들어도 극심한 불안 반응이 나타나며 등교를 거부했다.

---

(1) 1단계 : 안정화

- 담임교사는 즉시 A양을 안전한 공간(상담실)으로 이동시켜 신체적 · 심리적 안정을 확보하였다.
- 교내 신고 · 보호 절차를 안내하며 '지금은 당신이 안전하다' 는 메시지를 반복적으로 전달
- 학교 전문 상담사가 위기 상담을 통해 하루 15분 '안정 루틴(호흡 + 자기 진정 스크립트)' 을 지도

* 예 : "나는 지금 안전한 곳에 있다. 숨을 천천히 내쉬며 내 몸의 긴장을 느낀다."

(2) 2단계 : 회복

- 4주차 : 미술치료와 감정 일기를 병행하여, A양이 자신의 경험을 그림과 단어로 표현하도록 지원
- 감정 표현 과정에서 '내가 잘못한 게 아니었다' 는 인지적 전환(cognitive reframing)이 일어남
- 불면 빈도가 감소하고, 주관적 불안 수준(0~10점 척도)이 8점→ 4점으로 완화됨

(3) 3단계 : 재적응

- 3개월 시점 : 또래 멘토 프로그램 참여를 통해 점진적 교실 복귀 진행

- 담임과 멘토 학생이 사회적 지지 네트워크 역할을 수행

- 학급에서 소규모 그룹 활동 참여 후, 발표 · 토론 수업으로 확대

(4) 결과

A양은 더 이상 SNS 알림에 극도의 불안을 보이지 않았고, 자신의 경험을 "극복의 이야기"로 재해석하며 자기효능감(self-efficacy)을 회복하였다.

이 사례는 "즉각적 안정화→ 감정표현 기반 회복→ 관계적 재적응"의 3단계 개입 구조가 효과적으로 작동한 전형적 모델이다.

아하! 그렇구나

외상은 단순한 기억이 아니라 신경 · 정서 체계의 지속적 불균형으로 나타난다. 심리적 케어는 속도 보다 순서 즉 안정화가 선행되어야 의미 있는 회복이 가능하다. 교사 · 상담자 · 보호자의 협력 구조가 회복을 촉진한다. 디지털 폭력 피해는 재노출 위험이 커서 심리적 개입과 병행하여 법적 · 기술적 보호 조치가 필요하다.

회복의 목표는 '예전으로 돌아가는 것' 이 아니라 '새로운 안정된 나로 적응하는 것' 이다.

02 회복과 자존감 향상 프로그램

1) 왜 자존감인가 : 심리적 기초로서의 자기 가치

학교폭력 피해는 단순한 사건 이상의 심리적 상처를 남긴다. 특히 피해 학생에게 나타나는 자기 평가 붕괴(self-esteem disruption)는 학업 참여 감소, 대인관계 회피, 자기효능감 저하, 장기적 심리적 취약성으로 이어져 회복력을 떨어뜨린다.

자존감(self-esteem)은 단순한 기분 상태가 아니라 행동·관계·학업 회복력(resilience)의 핵심이다. 회복 프로그램은 피해 경험을 단순히 덮는 아니라 피해 경험의 의미화(meaning-making)를 통해 개인의 강점과 가능성 재발견과 자기효능감(self-efficacy) 회복을 목표로 한다.

주요 연구들은 집단 기반 회복 프로그램과 회복적 실천(restorative practices)이 자기효능감과 사회적 지지를 증가시키며, 폭력 재발률을 감소시키는 효과를 보고한다(Ernesto Lodi, 2022).

2) 실전 프로그램 설계

학교 현장에서 6~8주 과정으로 운영 가능한 자존감 향상 프로그램 모델을 다음과 같이 설계할 수 있다. 각 회기에는 실제 활동지(worksheet)와 평가 문항을 포함하여, 실무에서 즉시 활용할 수 있도록 한다.

[표 10-3] 자존감 회복 프로그램(8회기)

회기	주제	활동	평가 포인트
1	안전 · 신뢰 형성	신뢰 규칙 만들기, 감정 온도표 작성	참여도, 안전감 보고
2	감정 언어화	감정 카드 · 감정 일기 작성	감정 표현 능력 변화
3	외상 이야기 재구성	'나의 이야기' 스토리텔링 연습(비공개)	괴로움 수준(자기보고)
4	강점 발견	강점 카드 활용, 동료 피드백	자기효능감 척도 변화
5	자기수용 연습	자기 격려 문장 만들기 · 거울 연습	자기비난 감소 지표
6	사회적 기술 훈련	비폭력 대화(NVC) · 거절 훈련 롤플레이	대인관계 기술 평가
7	역할 전환 실습	회복적 대화 모의 실습(안전한 환경)	공감 능력 관찰
8	통합 · 미래 설계	회복 다짐서 작성, 진로 · 목표 세우기	사후 추적 계획 수립

3) 집단 프로그램의 장점과 안전장치

집단 기반 회복 프로그램(Group-based Recovery Program)은 다음과 같은 장점이 있다.

(1) 또래 지지(peer support) 제공

① 소속감 회복 : '나만 당한 게 아니다' 라는 정상화(normalizing) 효과

② 사회적 학습 : 회복적 상호작용을 통한 자기조절 및 공감 학습

③ 주의 : 집단 활동은 설계가 부적절하면 2차 피해(낙인, 강압)를 유발할 수 있다.

(2) 필수 안전장치

① 자발적 참여 원칙 : 참여 철회 자유 보장

② 피해자 중심 스크립트 : 발언 우선권과 비공개 옵션 제공

③ 전문 퍼실리테이터 배치 : 상담사와 회복적 실천 전문가 동시 참여

④ 사전·사후 심리 평가 : 위험군 선별 및 개별화 개입

4) 프로그램 적용 사례

 ### (1) 사례 B 중학교 C군, 반복적 온라인 폭력 피해

① 1~2회기 : 안전·신뢰 형성→ C군과 함께 '신뢰 규칙' 작성, 감정 온도표 기록

② 3~4회기 : 감정 언어화 및 강점 발견→ 감정 카드와 동료 피드백 활용

③ 5~6회기 : 자기수용 연습 및 사회적 기술 훈련 → 자기 격려 문장, 비폭력 대화롤 플레이

④ 7~8회기 : 역할 전환 실습 및 미래 설계→ 회복적 대화 모의 실습, 다짐서 작성

(2) 결과

자기 비난 지수 감소, 또래 관계 참여도 증가, 자존감 척도 40→65점 상승(10주간, 자기보고)

(3) 시사점

회복은 점진적 과정임, 소규모·집단·개별 활동을 혼합할 때 효과적, 자존감 회복 = 행동·관계 회복 + 심리적 안정의 통합적 결과

(4) 핵심 요약

① 자존감은 회복의 심리적 기반이며, 피해 경험 이해와 강점 발견이 핵심이다.

② 8회기 프로그램과 일상적 과제를 통해 점진적 회복을 유도한다.

③ 집단 활동은 또래 지지와 정상화 효과를 제공하지만, 2차 피해 예방 안전장치가 필요하다.

④ 교사·상담자·퍼실리테이터가 협력하여 실습·평가·피드백 체계를 유지한다.

⑤ 연구 기반 프로그램 운영 시 '자존감 회복→ 자기효능감 강화→ 사회적 참여 증가' 로 이어지는 선순환 구조가 형성된다.

03

재피해 예방과 안전망 구축

1) 재피해의 현실적 통계와 원인

국내외 연구에 따르면, 학교폭력 피해 학생의 재피해 경험률은 기관과 연구마다 차이가 있으나 5~25%로 보고된다. 재피해 발생의 주요 원인은 다음과 같다(추지윤, 2022).

(1) 가해자와의 불충분한 분리 : 물리적·심리적 분리가 제대로 이루어지지 않을 경우 반복 피해 가능
(2) 학교 내 침묵 문화 : 교사·학생 간 사건 은폐, 신고 체계 부재
(3) 피드백·모니터링 체계 부족 : 피해 학생 변화 관찰 및 안전 점검 미흡
(4) 온라인 공간의 지속적 노출 : 디지털 유포로 인해 피해가 24시간·영구적으로 지속
(5) 특히 디지털 폭력은 재노출 위험이 커서 증거 보전, 삭제, 차단 조치가 신속히 이루어져야 한다.
(6) 법적·행정적 대응과 연계한 모니터링 체계가 재발을 방지하는 데 필요하다.

2) 통합 보호망(다층적 안전망) 설계

피해 학생을 중심으로 학교·가정·지역사회·온라인을 포괄한 다층적 안전망을 구축하는 것이 효과적이다.

[표 10-4] 통합 보호망 점검표

항목	구체적인 활동	책임자	빈도
초기 안전 계획 수립	피해 학생과 비공개 안전 합의서 작성	담임·상담사	접수 시 즉시
증거 보존	채팅·게시물 스크린샷 보관, 타임스탬프 기록	피해 학생·학부모·학교	접수 시
공간 분리·조정	수업·화장실·점심 좌석 등 물리적 분리	학교 행정	필요시
정기 모니터링	주간 심리 지표(간단 설문) 체크	상담사	주 1회 (초기 3개월)
가정 연계	보호자 면담 및 가정교육 제공	학교·Wee센터	2주~월 1회
지역 연계	전문 치료·긴급 지원 계획 수립	청소년센터·의료기관	필요시
온라인 대응	플랫폼 신고 및 법적 조치 지원	학교·경찰	접수 시 즉시

3) 사례 : 다중 안전망 운영

사례 B "삼중 안전망으로 재피해를 막다"

(1) 상황 : 초등학생 B군, 집단 따돌림 대상

(2) 학교 대응 : 물리적 분리→ 안정화, 상담사와 연계→ 심리적 회복 지원, 담임교사 주기적 관찰 및 안전 계획 수립

(3) 가정 연계 : 부모 면담, 정서적 지지 지도, 관찰 체크리스트 제공

(4) 지역사회 연계 : 청소년상담센터, 의료기관과 연락 → 필요 시 장기 치료 및 법적 지원 준비

(5) 온라인 관리 : 관련 게시물 모니터링, 재유포 여부 점검, 필요 시 삭제 및 신고

(6) 가해 학생 조치 : 특별교육 및 회복적 대화(비공개) 진행

(7) 결과 : B군은 재피해 없이 학교생활 회복 가능

(8) 핵심 포인트 : 학교 · 가정 · 지역사회의 신속한 연계와 모니터링 체계가 효과적임

아하! 그렇구나

재피해율은 낮지 않으며, 불충분한 분리 · 침묵 문화 · 온라인 노출이 주요 원인이다. 통합 보호망(학교 · 가정 · 지역사회 · 온라인) 설계가 필수적이다. 증거 보존 및 온라인 관리는 법적 대응과 재발 방지의 핵심이다. 다층적 안전망 운영 사례는 연계와 신속성이 피해 구제에 결정적임을 보여준다.

피해 학생 보호는 단순 심리 지원을 넘어 물리적 · 사회적 안전, 모니터링, 교육 · 법적 대응까지 포함하는 종합적 전략이어야 한다.

04

보호자 및 교사 참여형 회복 지원 모델

1) 회복 지원에서 보호자와 교사의 역할

피해 학생 케어에서 학교와 가정의 협력은 필수적이다. 피해 학생이 경험한 심리적 외상과 사회적 위축은 단기간의 상담만으로 해결되지 않으며, 지속적 관찰과 안정적 환경이 필요하다.

(1) 교사 역할

초기 안전 확보와 심리 안정 지원, 관찰 및 기록을 통한 행동 변화 모니터링, 학습·사회적 참여 촉진, 회복 과정에서 피해 학생 권리 옹호를 의미한다.

(2) 보호자 역할

일상적 정서 지원과 안전감 제공, 학교와 연계하여 가정 내 안전계획 실행, 자녀의 회복 활동 참여 독려 및 재노출 예방을 의미한다.

2) 단계별 참여형 회복 지원 모델

(1) 3단계 모델과 참여 포인트

[표 10-5] 3단계 모델과 참여 포인트

단계	핵심 목표	교사 참여	보호자 참여	실무적 예시
안정화	즉각적 안전 확보, 위기 감소	교실 · 상담실 분리, 호흡 · 이완 훈련	안전 환경 제공, 출석 · 귀가 관리	피해 학생을 안전한 공간으로 안내, 보호자에게 초기 상황 공유
회복	감정 표출 및 의미화, 자기 이해	정서 표현 활동 지도, 상담사 연계	가족 대화, 감정 지지, 경험 듣기	감정 일기 · 미술 활동 지도, 가족 상담 참여
재적응	사회적 · 학업 참여 회복, 자기효능감 향상	또래 네트워크 참여 지원, 학습 조정	학업 모니터링, 멘토링 지원	교실 · 동아리 참여, 학습 보충, 가정에서 일상 과제 점검

(2) 통합 체크리스트

[표 10-6] 보호자 · 교사 참여형 회복 체크리스트

항목	구체적인 활동	책임자	빈도
초기 안전 확인	교실 · 휴게 공간 분리, 상담실 배치	교사 · 상담사	접수 시 즉시
정서 상태 관찰	불안 · 우울 · 수면 패턴 기록	교사 · 보호자	주 1회
감정 표현 지원	미술 · 음악 · 일기 활동 지도	교사 · 상담사	주 1~2회
가정 연계	가족 상담, 안전 계획 점검	보호자 · 학교	2주 ~ 월 1회
가정 연계	가족 상담, 안전 계획 점검	보호자 · 학교	2주 ~ 월 1회
학업 · 사회적 참여	멘토링, 그룹 활동 참여	교사	수업 · 활동 시 지속
재피해 모니터링	친구 관계, 온라인 활동 점검	교사 · 보호자	주 1회 이상
피드백 공유	회복 과정 및 목표 달성 보고	교사 · 보호자 · 상담사	월 1회

3) 실제 사례

사례 C "가정 · 교사 협력으로 회복 촉진"

(1) 상황 : 중학교 1학년 C군, 집단 따돌림 후 학교 거부

(2) 교사 역할 : 상담실로 분리→ 초기 안전 확보, 출석 체크 및 점진적 교실 참여 조정, 정서표현 활동(감정일기 · 미술) 지도

(3) 보호자 역할 : 가정 내 안전 공간 제공, 하루 30분 감정 대화 루틴 참여, 학교와 연락하여 출석 · 학업 지원

(4) 연계 활동 : 상담사와 주간 회의→ 행동 변화, 정서 상태 공유, 또래 멘토 연결→ 재적응 촉진

(5) 결과 : 2개월 후 C군은 학급 참여 회복, 또래 관계 안정, 자존감 개선 확인

* 핵심 : 교사-보호자-상담사 연계가 회복 속도와 안정적 적응에 결정적 역할을 함

4) 학습 활동 예시

피해 학생 사례 분석 및 회복 계획 설계

(1) 목표 : 심리 · 사회 · 학업 영역을 통합한 단계별 계획 작성

(2) 절차 : 사례 정보 제공(정서 상태, 행동, 가정 상황), 단계별 개입 목표 설정(안정화 → 회복 → 재적응), 교사 · 보호자 참여 활동 계획 수립, 모니터링 및 평가 지표 설정, 보호자-교사 협력 시뮬레이션

(3) 목표 : 협력적 회복 지원 경험

(4) 절차 : 역할 분배(교사, 보호자, 학생, 상담사), 안전계획, 감정 지원, 학업 지원 활동 시연, 개선 방안 논의 및 피드백

　피해 학생 케어는 단기간의 작업이 아니라 **지속적이고 다충적인 연대 작업**이다. 교사는 최초 신고와 안정화에서 결정적인 역할을 하며, 학교는 피해 학생이 다시 자신을 신뢰하고 사회적 관계를 복원할 수 있도록 전문기관과의 협업 체계를 상시 가동해야 한다. 가장 중요한 것은 '절차' 가 아니라 '관계' 이다. 즉 피해 학생이 '내가 여기 있어도 괜찮다' 는 감각을 회복할 때, 진정한 회복이 시작된다.

학습과제

1. 피해 학생 지원 프로그램 조사하기
2. 자존감 향상 활동 설계하기
3. 재피해 예방 체크리스트 만들기

☑ 자존감을 회복하려면 먼저 자기 자신을 신뢰해야

심각한 피해를 준 학교폭력에 대해 단호한 처분이 필요한 데도 우리 사회는 피해 학생이 만족할 만한 처분을 내리지 못하는 경우가 종종 있다.

학교폭력대책심의위원회를 열어 가해 학생은 반성과 함께 자신의 잘못을 진정으로 사과하고, 피해 학생은 가해 학생의 잘못을 용서함으로써 모두가 만족하는 관계 회복이 이루어지길 바라지만, 기껏 몇 시간의 회의로 엉킨 실타래를 풀기란 쉽지 않다.

그러니 학교폭력을 단순한 개인의 일탈 문제로 보지 말고 학생, 가정, 학교, 지역사회 모두의 문제로 인식하고 각자의 역할을 다해 예방해야 한다. 특히 가정의 역할이 중요하다. 부모는 어려서부터 아이의 의견을 지지해주는 양육 태도로 자존감이 높은 아이로 성장시켜야 한다.

학교폭력이 일어나는 다양한 원인 중 하나가 자존감이 낮은 학생들이 타인을 공격해 자신의 존재를 인정받으려고 하는 낮은 자존감이다.

심각한 범죄 양상을 띠는 최근의 학교폭력

최근의 학교폭력은 단순한 왕따나 괴롭힘 정도를 넘어 사이버폭력, 감금, 상해 등 심각한 범죄의 양상을 보인다. 학교폭력을 단순히 아이들 사이의 장난으로만 볼 수 없는 이유다. 학교폭력은 신체 피해뿐 아니라 외상후스트레스장애(PTSD) 같은 정신건강의학적 후유증을 남긴다. 마음의 상처는 치유하는 데 신체 상해에 비할 바 없이 오랜 시간이 걸린다. 그래서 심한 경우 정신건강의학과 진료가 필요하다.

최근 우리 청소년(중 · 고등학생)의 약 42%가 평소에 스트레스에 시달리고, 약 30%가 우울감에 시달리는 것으로 조사되었다. 그중 상당 부분은 학교폭력과 관련이 있다.

학교폭력 피해 학생에게 우울과 불안이 2배 높게 나타나고, 자해나 자살 시도가 3배나 높다는 연구 결과가 있다. 특히 반복적으로 피해에 노출된 학생은 자존감 저하로 정상적인 학업

생활이 어려울 정도다.

학교폭력에서는 가해 학생의 정신건강에 더 문제가 크게 나타난다. 분노 조절 장애가 가장 심각한데 주의력결핍과잉행동장애(ADHD), 적대성 반항 장애, 품행 장애가 이에 속한다. 연구에 따르면 학교폭력 가해자의 75%가 정신건강의학과 진단이 필요하다. 가해 학생의 36%는 가정 폭력이나 아동 학대 피해자였다. 이처럼 학교폭력은 대개 성장기의 불행한 대인관계에서 그 싹이 튼다. 폭력이 폭력을 부르는 것이다.

학교폭력이 발생하면 사건의 해결도 중요하지만, 피해 학생의 자존감 회복도 그에 못지않게 중요하다. 무엇보다 먼저 자기 자신을 신뢰해야 자존감을 회복할 수 있다. 그러려면 외상 이해와 심리적 지원, 회복과 자존감 향상 프로그램 가동, 재피해 예방과 안전망 구축 조치가 수반되어야 한다.

학교와 지역사회가 협력하여 폭력을 예방하고
해결하는 네트워크를 구축하는 방안을 논의하여 제시한다.

- 학교 내 협력 체계 필요성 인식하기
- 지역사회 기관과의 연계 방안 설명하기
- 다학제적 협력 네트워크 구축 원리 응용하기

학교와 지역사회의 관심과 협력

01 학교 내 협력 체계

1) 학교폭력에 대한 문제의식

학교폭력은 더 이상 학교만의 문제가 아니다. 학생의 생활공간은 가정과 지역사회, 그리고 온라인 공간까지 확장되어 있으며, 폭력의 원인과 결과 또한 복합적으로 얽혀 있다. 따라서 폭력의 예방과 회복은 학교·가정·지역사회가 함께 참여하는 통합적 대응 체계를 통해서만 실질적인 효과를 거둘 수 있다.

'학교폭력 대응의 핵심은 개별 교사의 역량이 아니라 협력적 학교문화와 지역적 네트워크의 구조화' 라고 강조하였다(Linda Darling-Hammond, 2023). 즉, 학교폭력의 해결은 단순한 사건 처리 절차가 아니라 '관계의 복원' 이자 '시스템의 재구조화' 이다.

2) 학교는 회복의 첫 관문

학교는 폭력 사건이 발생하는 현장이자, 동시에 학생이 회복을 시작하는 출발점이다. 교사는 피해 상황을 가장 먼저 인지하고, 학생의 심리적 안정을 돕는 '회복 촉진자' 로서 핵심적인 역할을 맡는다.

Linda Darling-Hammond 외(2023)의 연구에 따르면, 학교 내부 조직 간의 긴밀한 협력이 피해 학생의 회복 기간을 약 40% 단축하는 것으로 나타났다. 이는 상담교사·

보건교사 · 행정 담당자 간 즉각적 정보 공유와 통합적 지원이 이루어질 때 가능한 결과였다. 학교 내 협력 체계는 다음 세 가지 원리에 기반하여 운영되어야 한다.

(1) 즉시 대응성(immediate responsiveness)

사건 발생 직후, 담임교사와 상담교사는 신속히 초기 조치를 실시한다. 피해 학생의 안전 확보와 심리적 안정 조치를 최우선으로 한다. 초기 대응이 지연될 경우, 2차 피해(불안 · 소문 확산 · 왕따 강화)가 발생할 가능성이 크므로 즉시성은 회복의 첫 조건이다.

(2) 다층적 협력성(multilayered cooperation)

담임교사, 상담교사, 보건교사, 관리자 등 각 분야의 전문가가 심리 · 행정 · 의료 지원을 병행한다. 학생부, Wee클래스, 보건실, 행정실 등 부서 간 유기적 연결 구조를 구축하여, 사건 대응이 단일 부서에 집중되지 않도록 한다. 필요시 외부 전문가(임상심리사, 정신건강의학과 의사 등)와의 협력도 병행한다.

(3) 지속적 모니터링(continuous monitoring)

사후관리 단계에서 정기적 점검 및 회복 상황 모니터링을 실시한다. 피해 학생뿐 아니라 가해 학생의 재적응, 학급 내 분위기 회복까지 포함한 전인적 접근이 필요하다. 사후 모니터링은 최소 3개월 이상 지속하는 것을 원칙으로 하며, Wee센터 또는 교육지원청과 협력하여 추후 관리를 강화한다.

2) 학교 협력 구조도

다음 그림은 '신속한 대응—전문적 개입—지속적 관리' 의 순환 체계를 기반으로 하며, 단계별로 역할 주체를 명확히 구분한다.

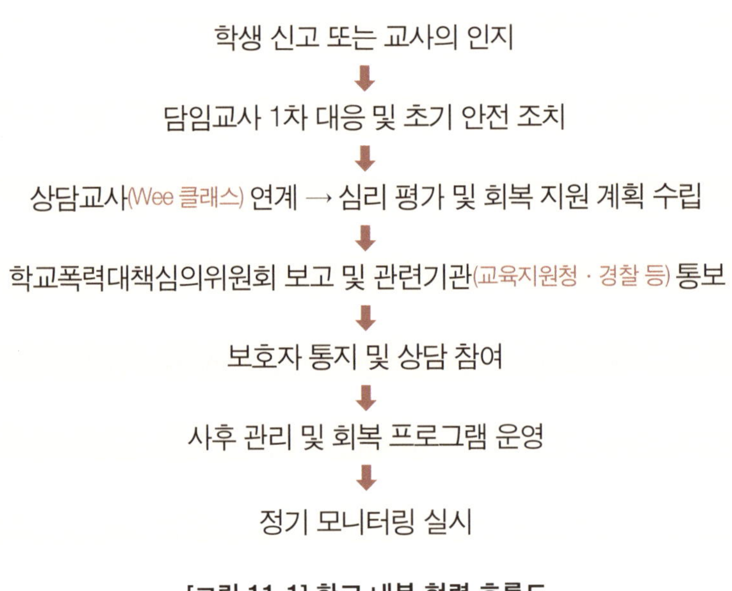

[그림 11-1] 학교 내부 협력 흐름도

3) 실제 사례

"학교가 바뀌자 학생이 돌아왔다"

중학교 3학년 C군은 오랜 기간 은따(은밀한 따돌림)로 인해 결석이 잦았다. 담임교사와 상담교사는 즉시 학교 회복지원팀을 구성하여 주 1회 소규모 회복 모임을 운영하였다. 학교장은 회의실을 '심리안정실' 로 개방하고, 보건교사는 C군의 불면·두통 증상을 관리하기 위해 의료기관과 협력 체계를 구축했다. 또래 멘토단은 C군과 함께 학교 내 봉사활동에 참여하며 사회적 유대감을 회복하도록 도왔다. 약 2개월 후, C군은 점진적으로 등교를 재개하였고, 이후 또래 멘토 프로그램에 직접 참여하며 도움받는 학생에서 돕는 학생으로 성장했다.

[표 11-1] 학교 내 주요 협력 역할

역할 주체	주요 임무	협력 포인트
담임교사	최초 대응, 학부모 소통, 학생관찰	정서적 지지 제공, 관찰 기록 유지, 사안 초기 보고
상담교사 (Wee 클래스)	심리평가, 회복 프로그램 운영	Wee센터 · 전문기관 연계, 사후 상담 지속
보건교사	건강 모니터링, 의료 지원	의료기관 협조, 스트레스 반응 관찰
교감 · 교장	행정 관리, 대외 연락, 학교 내 조정	위원회 운영 총괄, 기관 간 협력 통로 확보
학생회 · 또래 멘토	학급 분위기 개선, 또래 지지	자율적 참여 활성화, 긍정적 또래문화 확산
행정실 · 교무부	문서 관리, 절차적 지원	사안 기록, 정보보호 관리, 외부 공문 처리

출처 : 이수정(2015), 학교폭력 문제해결을 위한 교원 및 학교지원 인력 외 역할에 관한 연구

이 사례는 학교 내부의 통합적 협력 구조가 피해 학생의 심리적 회복과 학교 재적응에 실질적인 영향을 미친다는 것을 보여준다.

아하! 그렇구나

- 학교폭력 대응의 출발점은 '사건 처리'가 아니라 '관계 회복'이다.

- 학교 내부 구성원 모두가 협력적 태도를 공유할 때, 학교는 단순한 교육기관을 넘어 회복 공동체(community of care)로 기능하며, 이러한 협력 체계는 지역사회와 연계될 때 더욱 강화된다.

02 지역사회 기관과 연계

1) 지역사회는 '회복의 확장판'

학교폭력은 교문 안에서 시작되더라도 그 여파는 교문 밖으로 확산된다. 피해 학생이 심리적 안정과 사회적 기능을 회복하기 위해서는 학교를 넘어선 지역사회의 지속적인 지원 체계가 필요하다. 린다 달링 해먼드 외(2023)는 "학교 단독 개입보다 지역 기반 상담 및 복지 연계 시스템을 활용한 학생들의 심리 회복 지속률이 높았다"고 보고하였다. 이는 학교의 개입이 단기적 성과에 그친 반면, 지역사회의 참여는 장기적 회복 기반을 제공하기 때문이다. 지역사회 협력은 단순한 외부 자원 활용이 아니라 회복의 지속성과 재적응의 성공률을 결정하는 핵심 요인이다.

지역사회의 역할은 크게 세 가지로 정리된다.

① **회복 자원의 확장** : 의료 · 복지 · 법률 · 멘토링 등 학교가 단독으로 제공하기 어려운 전문 자원을 보완

② **사회적 안전망의 구축** : 지역 내 위험 요인(폭력 재발, 온라인 괴롭힘 등)에 대한 지속적인 모니터링 체계 구축

③ **공동체 복원의 촉진** : 학교 · 가정 · 지역이 함께 학생의 회복을 지원함으로써 공동체의 회복 문화 형성

이러한 관점에서 지역사회는 단순한 지원 주체가 아니라 학생 회복의 확장된 장 (場)이라 할 수 있다.

2) 지역 연계 구조 예시

다음 그림은 '**예방—개입—회복—사회 복귀**' 의 4단계 흐름을 포괄하며, 기관 간 연계의 방향성을 명확히 제시한다. 각 기관은 독립적 기능을 유지하면서도 학생 한 명을 중심으로 '**정보 공유—역할 분담—성과 피드백**' 이 순환적으로 이루어져야 한다.

학교(Wee 클래스)

Wee센터(교육지원청 단위)

청소년상담복지센터(지역 내 위기 개입)

정신건강복지센터(치료 · 임상 개입)

경찰 · 법률기관(보호 및 사법 지원)

지자체 · NGO (복지 · 멘토링 · 사회 복귀 지원)

[그림 11-2] 지역사회 협력망 4단계 구조

(1) 연계 프로토콜의 원칙

① 신속성 : 위기 발생 시 24시간 이내에 Wee센터 또는 청소년상담복지센터에 연계

② 보안성 : 학생 개인정보 보호를 위해 최소한의 정보만 공유

③ 상호 책임성 : 기관 간 협약(MOU)을 통해 역할과 의무를 명문화

④ 지속성 : 일회성 개입이 아닌, 회복 종료 후 최소 6개월 간 추수 관리

(2) 실무적 운영 방안

① 학교폭력 대책자치위원회 회의 후, Wee센터를 거점으로 지역기관 간 협의체 운영

② 월 1회 이상 정기 네트워크 회의(학교─청소년 상담복지센터─경찰─복지기관 등)

③ 사례별 통합사례 관리 회의를 통해 개별 학생 지원 계획 수립

3) 사례

"지역의 손길이 만든 기적"

고등학교 1학년 D양은 폭력 피해 이후 심한 불안과 공황 증세로 학교생활을 중단했다. 담임교사는 즉시 Wee센터에 의뢰하고, Wee센터는 정신건강복지센터와 연계하여 임상 상담 및 치료를 진행하였다. 동시에 지자체 여성가족과는 심리치료비를 지원하고, 지역 NGO의 멘토링 프로그램을 연계하여 사회적 지지를 강화하였다. 3개월간의 통합 치료 후, D양은 등교를 재개하고, 이후 자율학습 동아리에 복귀하였다.

이 사례는 **학교─지역기관─가정**의 3자 연계 모델이 피해 학생의 심리 회복과 학업 복귀에 실질적 효과를 미친다는 것을 입증한다. Maria Llistosella(2023)는 이러한 협력형 모델이 "피해 학생의 자기효능감을 강화하고, 외상 후 성장(Post-Traumatic Growth)을 촉진한다"고 분석하였다.

즉, 지역사회의 참여는 단순한 지원을 넘어 학생이 다시 삶의 주체로 서도록 돕는 회복적 동반 과정이다.

[표 11-2] 주요 협력 기관의 역할

기관	주요 기능	협력 방식	핵심 인력
청소년상담 복지센터	위기 개입, 심리상담, 사례관리	Wee센터 협약, 위기 학생 통합지원	전문상담사, 사회복지사
정신건강 복지센터	정신건강 진단 및 치료, 약물치료 연계	의뢰서 기반 협력, 정기 상담 보고	임상심리사, 정신건강의학과 의사
경찰(학교전담 경찰관)	법적 보호, 예방 교육, 사후 모니터링	학교 합동 순찰, 피해자 안전 조치	경찰관(SPO), 청소년계 담당
지자체(청소년·복지 부서)	치료비·복지 서비스 지원, 지역 연계 조정	행정 협약 체결, 사례 관리 지원	청소년 담당 공무원
NGO 및 민간단체	멘토링, 또래 지지, 사회 복귀 캠페인	자원봉사 연계, 프로그램 공동 운영	코디네이터, 멘토단
지역사회 의료기관	신체적·정신적 치료 지원	Wee센터 추천·의뢰 협약	정신건강의학과, 소아청소년과 의사

출처 : 교육부(2025), 학교폭력 사안 처리 가이드북

4) 시사점

- 지역사회 협력은 단발적 지원이 아니라 지속 가능한 회복 생태계 구축의 핵심 축이다.

- 학교 중심의 대응이 '폐쇄적 구조'라면, 지역 연계형 대응은 '개방적 회복 시스템'이다. 실질적인 회복을 위해서는 기관 간 '공유 플랫폼(정보·자원·성과 피드백)'이 필요하며, 이를 위한 지자체 차원의 통합 네트워크가 제도화되어야 한다.

03

다학제적 협력 네트워크

1) 다학제 협력의 의미

다학제 협력(multidisciplinary collaboration)이란 교육 · 상담 · 의료 · 법률 · 복지 등 서로 다른 전문 분야가 공동으로 학생의 회복을 지원하는 체계를 의미한다. 이는 단순한 기관 간 연계가 아니라 각 전문가가 자신의 전문성을 바탕으로 공동 개입 계획을 수립하고 정기적으로 협의하는 협력 구조이다. 질 보넨캄프(Jill H. Bohnenkamp) 외 (2023)는 다학제 협력 시스템이 구축된 학교에서 폭력 재발률이 평균 35% 감소했으며, 피해 학생의 학교 적응 지수 또한 유의미하게 상승했다고 보고하였다. 이는 한 분야의 개입이 가진 한계를 다분야의 통합적 접근이 보완하기 때문이며, 학생의 회복 속도뿐 아니라 회복의 질적 수준까지 향상시키는 효과를 가져 온다. 다학제 협력은 다음과 같은 세 가지 핵심 원리를 기반으로 한다.

① 통합성(Integration) : 교육 · 심리 · 의료 · 법률 · 복지 영역을 유기적으로 결합
② 지속성(Continuity) : 사건 초기 개입부터 사후 추수 관리까지 동일 팀이 지속 관리
③ 책임성(Accountability) : 각 기관의 역할과 의무를 문서화하여 책임 주체를 명확히 함

이러한 구조는 학교폭력 대응을 단순한 사안 처리에서 '회복 중심의 시스템 운영'으로 전환시키는 기반이 된다.

2) 실제 운영 사례

중학교 2학년 E군은 교내 폭행 피해 이후 심한 공황장애 증세를 보였다. 학교는 사건 발생 직후 Wee센터 · 정신건강복지센터 · 경찰 · 청소년 상담복지센터 · 지자체 복지과가 함께 참여하는 다학제 긴급회의를 소집하였다.

① 병원(정신건강복지센터) : E군의 임상 평가 및 치료 계획 수립

② 경찰(학교전담경찰관) : 가해 학생에 대한 접근금지 명령 신청

③ 청소년 상담복지센터 : 장기 심리치료비 및 사례 관리 지원

④ 지자체 복지과 : 치료비 행정 지원 및 복지 연계

⑤ 학교(담임 · 상담교사) : 학업 복귀 프로그램 마련 및 학급 분위기 조정

이후 3개월 동안 공동 회의와 월별 모니터링이 이어졌고, E군은 점차 공황 증세를 완화하며 완전 복교에 성공하였다.

이 사례는 다학제적 협력이 단순한 병렬 지원이 아니라, 전문성 간의 통합적 상호작용 구조일 때 실질적 회복이 가능함을 보여준다. Moreno et al.(2024) 또한 "협력기관 간의 역할 명확화와 피드백 시스템이 구축된 학교일수록 학생 회복률이 유의하게 높다"고 보고하며, 학교폭력 대응의 새로운 표준으로 다학제 네트워크 모델을 제시하였다.

3) 다학제 협력 단계

[표 11-3] 다학제 협력 단계 및 주요 내용

단계	주요 내용	담당 기관	시기
1단계	초기 학교 회의(담임·상담·보건 중심으로 사건 상황 공유, 안전 확보, 1차 조치)	학교	사건 발생 후 48시간 내
2단계	외부 전문가 참여 회의(Wee센터, 지자체, 경찰 등 참여하여 지원 방향 논의)	Wee센터·지자체	1주 이내
3단계	공동 개입 계획 수립(심리·의료·법률·복지 통합 지원 계획 작성 및 역할 분담)	다학제팀 (학교+기관)	1개월 이내
4단계	월별 모니터링 (학생 회복 상태 점검, 필요시 계획 수정)	학교 주관·기관 협조	최소 3개월 이상
5단계	월별 모니터링사후 평가 및 피드백 (성과 평가 및 재발 방지 대책 수립)	교육청·지자체	회복 종결 시점

출처 : 한국학교사회복지사협회(2010), 9차 포럼 내용 재구성

이러한 단계별 체계는 학교폭력 대응이 '단발성 개입' 으로 끝나지 않고, 체계적·순환적 회복 구조로 자리 잡도록 하는 핵심 장치다.

4) 운영의 핵심 성공요인

다학제 협력 네트워크가 효과적으로 작동하기 위해서는 다음 네 가지 요건이 충족되어야 한다.

(1) 명확한 역할 정의

각 기관의 개입 범위와 책임을 사전에 합의하고 문서화한다.

예 : 학교는 정보 제공 및 학업 관리, 의료기관은 치료·진단, 경찰은 법적 보호, 지

자체는 행정 지원

(2) 공동 사례 관리 시스템 구축

기관 간 정보 공유를 위한 공동 사례 관리 플랫폼(case management system)을 활용하여, 실시간으로 개입 경과를 공유한다.

(3) 정기 피드백 회의 운영

월 1회 이상 다학제 회복협의체 회의를 통해 진행 상황을 점검하고 개입 계획을 보완한다.

(4) 리더십 및 조정 역할 강화

학교장이 조정자(coordinator) 역할을 수행하고, 필요 시 교육지원청 또는 지자체 청소년 부서가 중재자로 참여한다.

이러한 운영 요건이 충족될 때, 다학제 협력은 형식적 절차를 넘어 학생 중심의 회복 생태계로 발전할 수 있다.

다학제 협력은 학교폭력 대응의 '최종 진화 단계' 라 할 수 있다. 이는 학교·지역·전문기관이 공동의 목표(학생 회복과 재적응) 아래 서로의 전문성을 결합하여 운영하는 통합 회복 시스템이다. 결국, 학교폭력의 실질적 해소는 '누가 개입했는가' 보다 '어떻게 함께 개입했는가' 에 달렸다. 학교가 중심이 되어 지역사회의 다양한 전문가와 지속적으로 협력할 때, 한 아이의 회복은 곧 공동체 전체의 회복으로 확장될 수 있다.

☑ 관계 회복은 개인의 일이 아니라 사회의 일

학교폭력의 진정한 해결은 처벌이 아니라 관계의 회복, 그리고 그 회복을 가능하게 하는 협력의 구조화다.

학교폭력 대응은 단일 기관의 책임이 아닌 공동체적 시스템의 과제이다. 교사는 사건의 초기에 개입하는 현장형 리더, 상담사는 회복을 설계하는 전문가, 지자체와 경찰은 사회적 안전망을 강화하는 보호자 역할을 한다. 학교와 지역이 연결될 때 회복은 개인의 일이 아니라 사회의 일이 된다. 이러한 통합적 협력은 피해 학생뿐 아니라 가해 학생·교사·보호자 모두가 함께 성장하는 회복적 공동체를 만들어가는 길이다.

학교폭력 해결 모범 사례 1

경기도의 A중학교는 학교폭력 해결의 모범 사례로 꼽힌다. 피해 학생의 용기 있는 진술, 학교의 적극적인 해결 노력, 가해·피해 양측 부모들의 합의, 경찰의 수사, 피해 학생에 대한 심리치료 등이 종합적으로 이뤄진 결과다.

 A중학교에서는 매월 실시하는 학교폭력 설문 조사 때 2학년 학생 여럿이 3학년 선배들의 지속적인 폭행과 금품 탈취 사실을 알리면서 그런 상황을 끝내줄 것을 호소했다. 담당교사는 불안에 떠는 학생들과 식사를 하며 대화를 나눴다. 그리고 가해 학생들에게 '접촉금지명령서'를 전달했으며, 가해 학생의 학부모를 불러 설명한 뒤 가해 조사에 착수했다. 수사권이 없는 교사의 조사에는 한계가 있어 경찰에 도움을 요청하고, 학교폭력대책심의위원회를 열어 가해 학생들에 대한 등교 정지 등의 조치를 했다. 학교는 공포감에 사로잡힌 피해 학생 심리치료를 위해 전문 상담사와 의료진을 투입하고 연극치료도 했다.

울산의 B중학교에서 성적 농담으로 시작된 학교폭력 갈등이 회복적 대화모임을 통해 해결된 것은 좋은 사례다. 피해 학생과 보호자는 심의위원회까지 갔다면 가해 학생의 진정한 사과를 받기 어려웠을 것이라며, 대화모임에 공을 돌렸다. 가해 학생이 진심으로 사과하며 책임 있는 자세를 보이고, 피해 학생도 마음의 짐을 던 것이다.

2025년 들어 울산지역 학교에서 회복적 생활교육에 바탕을 둔 회복적 대화모임으로 학교폭력 갈등을 해결한 사례가 크게 늘었다. 울산교육청에 따르면 최근 5개월간 133건의 학교폭력 갈등이 회복적 대화모임으로 조정됐다. 지난해 같은 기간 28건과 비교하면 5배나 늘어났다. 조정 사례 중 121건은 학교장 자체 해결과 심의 취소로 이어져 갈등 조정 성공률이 90%에 이른다.

사이버폭력의 특성과 대응 전략,
디지털 문해력 교육의 중요성을 살펴보고
온라인 세상에서도 따뜻한 연결의 필요성을
제시하여 살펴본다.

- 사이버폭력의 특성과 실제 사례 설명하기
- 디지털 문해력 교육의 필요성 인식하고 응용하기
- 온라인 상담과 비대면 치유 프로그램 설계하기

디지털 시대의 학교폭력 대응과 치유

01 사이버폭력의 특성과 변화

1) 디지털 공간에서의 폭력 양상

스마트폰의 일상화와 SNS · 메신저의 상시 연결 구조는 학생들의 소통 공간을 온라인으로 확장시켰다. 이제 학교폭력은 교실을 넘어 디지털 플랫폼에서 지속되는 사회적 관계 폭력의 형태로 나타난다. 교육부(2024)의 「학교폭력 실태조사」에 따르면, 전체 피해 학생 중 약 7.4%가 사이버폭력 피해를 경험했다고 보고되었으며, 이는 2019년(3.1%) 대비 두 배 이상 증가한 수치이다. 특히, 중 · 고등학생의 SNS 이용률이 95% 이상에 달함에 따라 온라인 공간은 사실상 '제2의 학교생활' 로 기능하고 있다.

한국청소년정책연구원(KYRI, 2023)은 사이버폭력을 "익명성, 지속성, 확산성, 비가시성" 이라는 네 가지 핵심 특성으로 정의하였다. 이러한 특성은 피해자의 심리적 회복 지연과 재피해 가능성 증가로 이어진다. 익명성은 책임 회피를, 확산성은 피해의 증폭을, 비가시성은 교사의 조기 인지와 개입을 어렵게 만든다. 따라서 사이버폭력은 단순한 '비대면 폭력' 이 아니라 디지털 생태계 전반에서 이루어지는 관계적 학대의 형태로 이해되어야 한다.

2) 사이버폭력의 주요 형태

[표 12-1] 사이버폭력의 주요 유형과 특징

유 형	구체적 행위 예시	특징	관찰지표	잠재적 영향
사이버 따돌림	단체 채팅방 배제, '읽씹'으로 무시	비가시적·집단적	대화 참여 회피, SNS 불안	사회적 고립, 우울감
명예훼손·비방	허위사실 유포, 악성 댓글	익명성 강화	온라인 평판 하락, 친구 관계 단절	자존감 붕괴, 수치심
사이버 스토킹	지속적 메시지·댓글·감시	사생활 침해	접속 시간 조절, 공포 반응	불면, 불안 장애
딥페이크·성적 합성물 합성	음란물 제작·유포	기술 기반 폭력	SNS 탈퇴, 은둔	트라우마, 사회적 단절
해킹·도용형 폭력	계정 탈취, 정보 노출 협박	디지털 통제	비밀번호 반복 변경	무력감, 불신 형성

출처 : 한국청소년정책연구원(2023)

사이버폭력은 단일 행위가 아니라 **'공유 → 확산 → 재생산 → 재피해'** 의 순환 구조를 지니며, 플랫폼 알고리즘에 의해 '조회수 보상' 이 붙을 경우 폭력이 놀이화될 위험이 커진다.

3) 국내 사례

(1) 사례

 1. "익명은 가면이 아니었다"

서울의 한 고등학교 2학년 H양은 학교 커뮤니티 앱에 "성형했다", "공부 못한다"는 비방 글이 올라오면서 심한 우울 증세를 보였다. 작성자는 같은 반 친구였으나 익명 계정으로 활동해 정체 파악이 어려웠다.

학교는 즉시 사이버폭력 긴급 대응 절차를 가동하여 경찰과 협력하고, IP 추적 결과 작성자를 확인하였다. 가해자는 학교폭력대책심의위원회 결정에 따라 특별교육 20시간, 피해자에게 서면 사과, 접근금지 조치를 받았다. H양은 이후 '디지털 자존감 회복 워크숍'과 개인 상담 프로그램에 참여하면서 점차 학업과 일상으로 복귀했다.

* 분석 : 이 사례는 '익명성'이 폭력을 부추길 수 있음을 보여준다. 단순 처벌보다 피해자 중심의 심리 지원과 플랫폼—학교—법적기관 간의 공조 체계가 병행되어야 한다(신혜진, 2023).

(2) 사례

2. "지워지지 않는 밈(Meme)"

경기도의 한 중학교 3학년 J군은 친구들이 본인의 얼굴을 합성한 조롱 밈을 만들어 SNS에 퍼뜨리는 피해를 입었다. 밈은 삭제되었지만, 캡처 이미지가 단체방에 남아 있었고 "이거 또 돌아온다더라"는 말이 퍼지며 불안이 지속되었다. J군은 결국 불안증·수면장애를 호소하며 상담센터에 의뢰되었다.

* 분석 : 이 사례는 '삭제 불가능성'과 '확산성'의 위험을 보여준다.

온라인 기록은 디지털 흔적(digital footprint)으로 남아 피해자의 불안을 지속시키며, "시간이 지나면 잊힌다"는 일반적 회복 논리를 무력화시킨다. 따라서 초기 삭제·차단 조치와 함께 플랫폼 차원의 사후관리, 심리적 복원력(resilience) 강화 프로그램이 병행되어야 한다(여성가족부, 2023).

Key point

- **기술 기반 폭력의 복합성** : 사이버폭력은 단순히 온라인 갈등이 아닌, 기술·심리· 법률이 교차하는 복합 현상이다.

- **피해자 중심 회복 지원 필요** : 삭제보다 중요한 것은 심리적 안전감 회복과 '디지털 관계 재구성' 이다.

- **플랫폼—학교—기관 간 협력 강화** : 학교 혼자 해결할 수 없는 영역으로, 사이버폭력 대응 협의체의 제도화가 필요하다.

- **디지털 시민성 교육 강화** : 예방의 핵심은 '기술 이해' 보다 '관계 윤리' 에 있다. 학생들이 온라인에서도 공감과 책임을 실천할 수 있도록 지속적 교육이 요구된다.

02 대응과 회복의 단계적 전략

1) 단계별 대응 프레임워크

　디지털 환경에서 발생하는 학교폭력은 **속도 · 확산 · 비가시성**의 특성으로 인해 즉각적이고 체계적인 대응이 필수적이다. 학교는 단순히 신고 접수 기관이 아니라, 초기 대응과 회복 지원의 중심 허브(hub) 역할을 해야 한다. 이를 위해 교육부와 한국청소년정책연구원은 「사이버폭력 대응 매뉴얼」(2024)에서 '5단계 순환형 대응 · 회복 프레임워크'를 제시하였다.

[표 12-2] 학교 사이버폭력 대응 및 회복 프로세스

단계	주요 내용	학교의 역할	기관 협력
① 인지 및 신고	학생 · 교사 · 보호자가 폭력 사실을 인지하고 신고	익명 신고 채널 구축, 초동 조사 실시	경찰, 사이버수사대
② 증거 보존	게시글 · 대화 · 이미지 등 증거 확보	캡처 및 저장, 증거물 보호	한국인터넷진흥원 (KISA)
③ 긴급 보호	피해 학생의 안전 확보, 상담 · 치료 연계	임시 보호, 학급 내 안전 조치	교육청, Wee센터, 상담기관
④ 가해자 조치	가해 학생에 대한 교육적 · 법적 조치	특별교육, 회복적 대화 운영	청소년 상담복지센터, 지역법원
⑤ 회복 및 추후 관리	피해자의 정서 회복, 관계 복원, 재발 방지	회복적 서클 · 멘토링 프로그램 운영	정신건강복지센터, 지역사회복지기관

출처 : 사이버폭력 대응 매뉴얼(2024) 교육부와 한국청소년정책연구원

다음 그림과 같이 디지털 시대의 학교폭력 대응은 '사건 종결'이 끝이 아니라 회복 후 공동체로의 재참여(reintegration)가 완성의 기준이 되어야 한다.

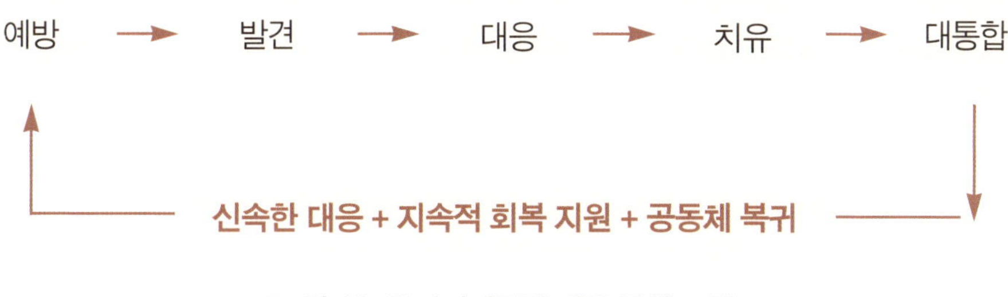

[그림 12-2] 사이버폭력 대응 통합 모델

2) 치유 중심 접근

사이버폭력 피해자의 회복은 게시물 삭제나 법적 조치만으로는 충분하지 않다. 피해자는 디지털 공간에서의 노출 경험으로 지속적인 불안, 수치심, 관계 단절감을 경험하기 때문에, 정서적 회복과 사회적 복귀를 병행한 다층적 접근이 필요하다. 한국청소년상담복지개발원(2023)은 이를 위해 **'감정 회복—관계 복원—디지털 문해력 강화'**의 세 축으로 구성된 통합형 회복 프로그램 모델을 제시하였다. 이 접근은 회복을 '개인적 치유'에 그치지 않고, 디지털 시민성(digital citizenship) 회복으로 확장한다는 점에서 의미가 크다.

[표 12-3] 디지털폭력 피해 구제 통합 프로그램 예시

구성	구체적 내용	기대효과
감정 회복 프로그램	미술치료, 감정 일기 작성, 공감 훈련	불안 감소, 자존감 및 정체성 회복
회복적 대화 서클	가해자 · 피해자 · 교사 간 안전한 대화 진행	책임 인식, 상호 이해, 관계 복원
디지털 문해력 교육	사이버폭력 신고 방법, 증거 보존 실습, 정보보호 교육	자기 보호 능력 및 문제해결력 강화
또래 멘토링	또래 지지자(mentor) 활동, 공동 프로젝트	사회적 연결감 회복, 고립 예방
가족 연계 상담	보호자 참여 심리상담, 가족 내 소통 훈련	가정 내 지지 기반 강화

출처 : 박상훈(2020) 디지털 시민성 함양을 위한 디지털 교과서 활용 방안 재구성

박지연(2024)의 연구에 따르면, 회복적 서클 참여 학생의 사회적 자기효능감이 평균 28% 향상되었으며, 심리적 안정감 또한 유의미하게 증가하였다.

이는 대화와 이해 그리고 관계 회복을 중심으로 한 '회복적 정의' 접근이 단순 처벌 중심의 대응보다 훨씬 지속적 효과를 낸다는 점을 시사한다.

3) 시사점

- 사전 예방에서 회복까지 이어지는 선순환 구조가 구축되어야 한다.
- 피해자의 디지털 회복력(digital resilience) 향상을 위한 정서 · 기술 병행 교육이 필요하다.
- 학교는 기관 간 협력 허브로서 정보통신, 심리, 법률 전문가의 연결고리를 담당해야 한다.
- 대응의 최종 목표는 '문제 해결' 이 아니라 '관계의 회복과 공동체 복귀' 이다.

03 디지털 리터러시 교육과 예방 프로그램

1) 디지털 리터러시의 교육의 필요성

(1) 디지털 리터러시의 개념

디지털 기술의 발전으로 인하여 컴퓨터를 사용하는 기술적 능력뿐 아니라 사이버 공간에서 제공되는 정보의 가치를 판단하고 평가 수용할 수 있는 능력과, 검색된 정보를 자신의 문제 해결에 맞게 사용하고 재창조하여 다른 사람과 공유하는 능력이 필요하게 되었다. 이제까지 갖지 못한 새로운 능력이 필요하다(박신영, 2024).

이러한 시대적 요구에 맞춰 미래 지식 정보 사회에 대비하여 학생들이 갖추어야 할 핵심 역량으로 디지털 리터러시 능력이 강조된다. 디지털 기기를 일찍부터 접한 디지털 네이티브 세대인 청소년들은 태어나면서부터 디지털 언어와 장비를 자연스럽게 접함으로써 디지털 리터러시 수준이 높은 편에 속한다(장한울, 2024).

UNESCO UIS(Institute for Statistics, 통계기관)에서는 디지털 리터러시(digital literacy)를 다음과 같이 정의한다. "디지털 기술을 통해 정보에 접근하고 관리하며 이해하고 통합하며 소통하고 평가하며 창출할 수 있는 능력 그리고 이러한 능력이 경제 및 사회 생활에 참여하기 위해 디지털 장치 및 네트워크 기술을 통해 안전하고 적절하게 활용되는 것" 이다(Unesco UIS, 2025).

교육부는 '디지털 문해력(리터러시) 정책 개선 방안'을 통하여 "디지털 리터러시란 디지털 기기·매체를 통해 정보에 접근하고 이해하며, 비판적으로 평가하고, 안전하고 책임 있게 활용하고, 나아가 디지털 공간에서 참여하고 창출할 수 있는 능력"으로 정의한다(교육부, 2022).

디지털 리터러시의 주요 구성요소에는 기술적 활용 능력, 정보 리터러시, 미디어 리터러시, 소통 및 협업 능력, 디지털 시민성, 창의적 생산 능력 등이 있다. 특히 디지털 시민성은 혐오 표현 자제, 개인정보 보호, 저작권 존중 등과 같이 디지털 공간에서의 책임감 있고 윤리적인 행동을 요구하고 있다.

(2) 디지털 시민성의 개념

디지털 시민성(digital citizenship)이란, 디지털 공간에서 타인과 자신을 존중하며 책임 있는 행동을 실천하는 역량을 의미한다(Michael Ribble, 2021). 이는 단순히 인터넷 예절을 넘어, 정보의 진위 판단, 개인정보 보호, 사이버 윤리, 온라인 공감 능력까지 포괄한다. 교육부(2024)는 학교폭력 예방 정책의 핵심 방향 중 하나로 '디지털 시민성 함양'을 제시하면서, 이를 통해 사이버폭력, 혐오 표현, 허위 정보 확산 등의 문제를 구조적으로 예방할 수 있다고 보았다.

[표 12-4] 디지털 시민성의 핵심 구성요소

영역	세부 내용	교육 목표
디지털 윤리	온라인 예절, 언어 사용, 타인 존중	공감적 소통 태도 형성
정보 리터러시	가짜뉴스 식별, 정보 출처 확인	비판적 사고력 향상
디지털 안전	개인정보 보호, 보안 인식	자기보호 및 위험 예방
참여와 책임	온라인 커뮤니티 참여, 신고 및 지원	공동체 의식 강화
감정 조절과 공감	사이버 갈등 관리, 정서 표현 훈련	관계적 회복력 증진

출처 : 박상훈(2020) 디지털 시민성 함양을 위한 디지털 교과서 활용 방안 재구성

Michael Ribble(2021)은 "디지털 시민성 교육은 기술 교육이 아니라 인성교육의 확장형"이라고 강조하였다. 즉, 디지털 시대의 학교폭력 예방은 기술적 통제가 아니라 인간적 성숙의 교육에서 출발해야 한다.

2) 학교 중심의 예방 프로그램

학교 현장에서 실현 가능한 디지털 시민성 교육은 다음 세 가지 원칙으로 운영된다.

(1) 통합성(integration) : 정보 · 윤리 · 심리교육을 통합하여 운영

(2) 참여성(participation) : 학생이 주체적으로 참여하는 프로젝트형 수업

(3) 지속성(continuity) : 단발성 캠페인이 아닌 학기 단위 지속 운영

[표 12-5] 디지털 시민성 기반 학교폭력 예방 프로그램 예시

프로그램명	주요 내용	대상	기대효과
디지털 공감 교실	SNS 사례 분석, 감정 나누기, 온라인 공감 훈련	중 · 고등 학생	사이버 공감 능력 향상, 공격성 감소
사이버 리터러시 챌린지	허위 정보 탐색 및 팩트체크 프로젝트	전 학년	정보 판단력 강화, 책임감 증진
디지털 멘토링 데이	또래 멘토 · 멘티 간 온라인 예절 코칭	중학교	또래 관계 개선, 공동체 소속감 강화
존중ON 캠페인	온라인 존중 언어 사용 캠페인	전교생	학교 내 디지털 문화 개선
보호자 연계 세미나	부모 대상 디지털 소통 및 자녀 보호법 교육	학부모	가정 내 디지털 양육 역량 강화

출처 : 박상훈(2020) 디지털 시민성 함양을 위한 디지털 교과서 활용 방안 재구성

이러한 프로그램들은 학생이 단순히 피해 · 가해자로 구분되는 구조를 넘어, 디지털 공간의 시민으로 성장하도록 돕는 것을 목표로 한다.

3) 지역사회와의 연계

디지털 시민성 교육은 학교 안에서만 완성되지 않는다. 지자체, 경찰, NGO, IT기업 등과 협력하여 지역 기반 디지털 안전망을 구축해야 한다.

(1) 경찰청 · 교육청 협력사업 : '사이버폭력 예방의 날', 온라인 신고 체계 안내

(2) 지자체 청소년센터 : 미디어 리터러시 워크숍, 보호자 교육 병행

(3) IT기업 · NGO : AI 기반 불법 촬영물 탐지, 사이버 윤리 캠페인 공동 운영

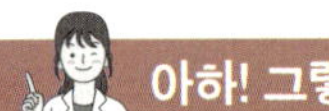

예방은 규제보다 '관계 교육'에서 출발한다. 디지털 시민성은 타인에 대한 공감과 존중의 습관화가 핵심이다. 가정—학교—지역사회 연계를 통해 일상 속 실천으로 이어져야 한다. 보호자와 교사의 지속적 피드백이 학생의 온라인 행동 규범 형성에 결정적 영향을 준다. 회복적 접근과 시민성 교육의 통합이 필요하다. 피해 이후의 회복과 예방적 시민성 함양은 분리된 영역이 아니라 '치유를 통한 성장'이라는 하나의 교육과정으로 연결되어야 한다.

04 정책적 제언 및 학교 현장 적용 방안

1) 정책적 제언

사이버폭력은 기술 환경 변화에 따라 유형이 다양화되고 있으며, 학교 단독의 대응만으로는 한계가 있다. 이에 다음과 같은 정책적 개선이 요구된다.

(1) 통합형 대응 시스템 구축

교육부·과학기술정보통신부·경찰청 등 관계 부처 간의 공동 대응 체계를 강화해야 한다. 특히 '학교폭력 전담 기관 통합 플랫폼'을 구축하여 **'신고―조사―치유―사후 관리'** 까지의 과정을 데이터 기반으로 관리할 필요가 있다.

(2) 디지털 시민성 교육의 제도화

사이버 윤리 및 온라인 공감 교육을 정규 교과 또는 창의적 체험 활동 내 필수 영역으로 편성한다. 학생들이 피해자 보호자로서뿐 아니라 디지털 공동체의 구성원으로 성장할 수 있도록, 교육과정 차원의 접근이 필요하다.

(3) 전문 상담 인력 및 지원 예산 확대

각급 학교별로 전문 상담교사 및 사이버폭력 대응 전담 요원을 확충해야 한다. 또

피해 학생의 심리치료 · 법률 자문 · 디지털 기록 삭제 지원 등에 대한 예산을 국가 차원에서 안정적으로 지원해야 한다(교육부, 2024).

(4) 법 · 제도적 기반의 정비

「학교폭력예방법」과 「정보통신망법」의 연계를 강화하여, 온라인상의 학대나 모욕 행위도 학교폭력 범주로 명확히 포함해야 한다. 이를 통해 사이버폭력 사안의 법적 공백을 최소화할 수 있다.

2) 학교 현장 적용 방안

(1) 조기 인지 시스템 구축

교사 · 학생 · 보호자가 함께 참여하는 '사이버폭력 조기경보체계' 를 운영한다. SNS 모니터링, 익명 신고함, 정기 설문 등을 통해 잠재적 피해를 신속히 탐지하고, 학교폭력대책자치위원회가 초기 단계부터 개입할 수 있도록 한다.

(2) 회복 중심 프로그램 운영

가해 · 피해 학생을 대상으로 한 회복적 서클과 감정 조절 프로그램을 정례화한다. 이를 통해 학생들이 사건 이후에도 학교 공동체 내에서 안전하게 재통합될 수 있는 기반을 마련한다.

(3) 교직원 역량 강화 연수

교사 대상 연수를 통해 디지털 폭력의 유형, 신고 절차, 증거 확보 및 상담기법을 교육한다. 특히 담임교사 · 상담교사 간의 협력 매뉴얼을 제공하여 학교 내 대응 일관성을 유지한다.

(4) 지역사회 연계망 강화

청소년 상담복지센터, Wee센터, 경찰서, 지자체 복지과 등과 정례 협의체를 운영하여 사건 발생 시 즉각적 공동 대응이 가능하도록 한다. 이를 통해 학교는 단절된 기관이 아니라 지역사회 회복의 허브로 기능하게 된다.

(5) 사후관리 및 평가 체계화

사건 종결 후 3개월, 6개월, 1년 단위로 추후 관리 점검을 실시하고, 회복 정도를 정량 · 정성 지표로 평가한다. 평가 결과는 교육청 데이터베이스에 반영하여 정책 개선의 근거로 활용한다.

3) 기대 효과

학교 현장에 다학제 협력과 회복 중심 접근이 제도적으로 정착된다면
① 피해 학생의 심리 · 사회적 회복 속도가 빨라지고
② 가해 학생의 재범률이 감소하며
③ 학교 공동체의 신뢰와 연대감이 회복될 것이다.

사이버폭력 대응은 단순한 사건 관리가 아니라, '디지털 시대의 학교공동체 회복 모델'로 진화해야 한다.

디지털 폭력은 '화면 속에서만 존재하는 폭력'이 아니다. 그것은 학생의 **정체성과 사회적 존재감**을 위협하며, 삭제 이후에도 기억 속에 남아 반복적으로 상처를 재생시킨다. 따라서 교사는 단순한 관리자가 아니라 **디지털 시대의 보호자이자 윤리교육자**로서 역할을 해야 한다. 또 학교는 지역사회 · 플랫폼 · 법 집행기관과의 다층적 협력망을 통해 피해자 중심의 지원 체계를 구축해야 한다.

디지털 시대의 학교폭력 대응은 기술적 대응만으로는 완성되지 않는다. 인간의 존엄을 회복하는 따뜻한 교육적 접근이 병행될 때, 비로소 진정한 '디지털 치유'가 가능하다.

이거 알아요?

☑ 사이버폭력이 갖는 위험성 그리고 그 실태와 예방법

사이버폭력이 갖는 심각성은 익명성으로 인해 범죄 의식이 희박한 데다가 전파력이 무제한이라는 데 있다. 12장에서는 사이버폭력 사례 분석보고서 작성하기, 디지털 시민성 교육안 만들기, 온라인 치유 프로그램 기획하기 등의 과정을 살펴보았다.

최근 수년 동안의 사이버폭력 피해 경험 실태 추이를 보면 계속 증가하고 있다. 2022년 교육부에서 실시한 1차 학교폭력 실태조사에 따르면, 학생 10명당 1.7~3.8명은 사이버폭력 피해를 반복하여 경험하는 것으로 조사되었다. 전년도에 비해 증가했다. 이에 더하여 2022년 교육부의 2차 학교폭력 실태조사에서는 사이버폭력의 요인별 전체 피해율을 살펴보았는데, 사이버 언어 폭력, 사이버 따돌림, 사이버 명예훼손 순으로 피해율이 높은 것으로 나타났다. 특히 사이버 언어 폭력, 사이버 스토킹, 사이버 강요, 사이버 갈취의 경우 초등학교 학생이 가장 많이 피해를 본 것으로 나타났다.

2022년 방통위에서 조사한 사이버폭력 실태조사에서 청소년이 경험하는 사이버폭력 피해 및 가해 및 목격 비율은 전해보다 모두 증가했다. 또 피해 학생이 가해자가 되고, 가해 학생이 피해자가 되는 등 가해와 피해를 중첩하여 겪는 악순환이 일어났다.

사이버폭력 가해 학생의 가해 동기는 '상대방이 먼저 시비를 걸어서', '보복하려고, 폭력인지 모르고', '특별한 이유 없이', '다른 아이들도 하니까 그냥 따라서', '그저 장난으로' 등의 순으로 나타났다.

청소년 사이버폭력 피해자 3분의 1은 '피해 후 문제 해결과 피해 구제가 되지 않았다' 고 응답했다. 그 이유로는 '마음의 상처가 회복되지 않아서' 가 21.7%, '가해 학생에게 사과를 받지 못해서' 가 14.9%로 나타났다.

사이버폭력 예방하는 법

- 누구든지 사이버폭력 가해자 또는 피해자가 될 수 있다는 사실을 기억한다.

- 사이버 공간에 글을 쓸 때는 세 번 이상 신중하게 생각한다.

- 사이버 공간 속 상대방 또한 감정을 가진 사람임을 잊지 말고 배려한다.

- 사이버 공간에서 활동할 때 주변 사람의 영향에 쉽게 휩쓸리지 않는다.

- 사이버 공간에서의 개인정보 공개는 최소한으로 설정하고 주기적으로 비밀번호를 바꾼다.

- 사이버 공간 내 다른 사람의 정보를 공유할 때는 본인의 동의를 먼저 확인한다.

- 사이버 공간에서 확신할 수 없는 정보 또는 남에게 피해가 될 정보는 유포하지 않는다.

- 사이버 공간에서 누군가가 오프라인으로 만남을 요청하면 즉시 보호자에게 알린다.

학교폭력 예방 프로그램의 효과를 평가하고,
해외 사례와 미래 전략을 통해
지속 가능한 예방 모델을 모색한다.

- 프로그램 효과성 평가 방법 설명하기
- 해외의 우수 사례를 비교 분석하기
- 에듀테크 기반의 미래 지향적 예방 전략 제시하기

제13장

회복을 위한 최종 평가

01 평가는 이렇게

학교폭력 사건 이후의 회복 프로그램은 단순히 '사건의 종결'을 의미하지 않는다.

진정한 회복은 마지막 단계인 평가(evaluation)를 통해 완성된다. 평가는 단순히 "효과가 있었는가?"라는 질문에 머물지 않는다. 오히려 "무엇이 변했는가?", "그 변화는 어떻게 유지되고 있는가?", "학교와 구성원은 어떤 성장을 이루었는가?"를 탐색하는 회복의 종결이자 새로운 출발의 관문이다(Hannah Gaffney, 2021).

즉, 평가는 사후점검(post-check)이 아니라 회복 과정 전체를 되돌아보며 다음 단계로의 도약을 준비하는 과정이다. 이를 통해 학교는 단일 사건을 넘어 학교문화 전반의 회복 탄력성(resilience)을 높이는 계기를 마련할 수 있다.

1) 평가의 목적

(1) 효과성 : 얼마나 회복되었는가

평가의 첫 번째 목적은 프로그램의 목표가 실제로 달성되었는지를 확인하는 것이다.

• 학생 개인 수준 : 피해 학생의 정서적 안정, 가해 학생의 자기반성 및 공감 능력 향상, 방관 학생의 인식 변화 등을 측정한다.

• 측정 예시 : 사전 · 사후 검사(우울 척도, 공감 능력 척도, 사회적 관계 만족도), 개별 상담 기록, 교사 · 보호자 관찰일지 등.

• 평가 포인트 : 단순히 '문제가 해결되었다' 가 아니라, '회복의 징후가 어떻게 나타났는가' 를 구체적으로 기술해야 한다.

(2) 이행성 : 얼마나 충실히 실행되었는가

회복 프로그램의 효과는 설계 의도대로 운영되었는가에 따라 달라진다.

• 검토 항목 : 프로그램 세션의 진행 횟수, 지도자의 전문성, 참여율, 시간 준수, 활동의 질적 적합성 등.

• 활용 도구 : 실행 체크리스트, 교사 피드백 설문, 회기별 관찰 보고서.

• 평가 관점 : 실행 과정의 충실성은 향후 프로그램의 표준화와 매뉴얼화에 중요한 근거가 된다.

(3) 시스템 변화 : 학교는 어떻게 변했는가

평가는 학생 개인만을 대상으로 하지 않는다. 학교폭력 사건은 학교 구성원 전체에 영향을 미치므로, 학교 조직의 문화적 변화를 함께 살펴야 한다.

[평가 항목 예시]

• 교사들의 스트레스 감소 및 대응 역량 향상 여부

• 또래 간 관계 및 집단 응집력 변화

• 교사-학생 간 신뢰 수준

• 학교폭력 재발 방지 체계의 개선 정도

[측정 방법]

학교 기후 설문(school climate survey), 교직원 면담, 학부모 의견 수렴. 이 단계에서 평가는 '학교 전체가 회복의 주체로 성장했는가' 를 점검하는 과정이 된다.

(4) 개선과 확장 : 다음 회복을 준비

최종 평가는 과거의 결과를 마무리하는 것이 아니라 다음 단계의 발전 방향을 제시하는 도구다(Hannah Gaffney, 2021).

　• 개선 방향 제시 : 프로그램 운영 중 드러난 한계(참여 저조, 일정 불균형, 자료 부족 등)를 분석하고 개선안을 도출한다.

　• 확장 가능성 탐색 : 유사한 사건이나 다른 학교 상황에서도 적용할 수 있는 모델로 발전시킬 수 있는지를 검토한다.

　• 보고서 예시 항목 : 주요 성과와 변화 요약, 개선이 필요한 영역, 차기 회복 프로그램 제안

2) 평가의 철학 : '점수'가 아닌 '이야기'

회복의 평가는 수치와 점수에 갇힌 절차가 아니다. 그것은 피해 학생의 성장 이야기, 가해 학생의 변화된 태도, 교사의 성찰, 학급의 응집력 회복 등 '사람의 이야기'로 드러나는 과정이다. 따라서 평가자는 결과표를 넘어서, 경청과 관찰, 기록과 대화를 통해 회복의 깊이를 읽어내야 한다.

3) 학교 회복 생태계의 거울

위 네 가지 평가 목적은 단순한 절차가 아니라, 학교 시스템 전체의 회복력을 비추는 거울이다. 최종 평가는 보고서로 끝나는 행정 절차가 아니라 다음 사항을 함께 묻는 학교 회복 생태계의 자기 점검 과정이다.

　• "우리 학교는 얼마나 회복의 힘을 키웠는가?"

　• "다음에는 무엇을 더 잘할 수 있을까?"

02 평가의 설계 원칙 : 혼합방법 접근

학교폭력 회복 프로그램의 평가는 단일한 관점이나 도구로는 충분하지 않다. 학생의 심리적 회복, 교사와 학부모의 인식 변화, 학교문화의 재구성 등은 수량화된 수치와 서술적 이야기 모두를 필요로 하는 복합적 현상이기 때문이다. 따라서 회복의 최종 평가는 양적(quantitative)·질적(qualitative) 접근을 통합한 혼합 방법(mixed-methods) 설계를 기본 원칙으로 삼는다(R. Burke Johnson, 2007).

1) 혼합방법 평가의 개념과 필요성

혼합방법 접근(mixed-methods approach)은 양적 자료(설문, 검사, 통계분석)와 질적 자료(면담, 관찰, 서술기록)를 함께 수집·분석하여 회복의 정도와 의미를 동시에 이해하려는 통합적 연구·평가 방법이다.

[표 13-1] 혼합방법 접근의 개념

구분	양적 접근	질적 접근
목적	변화의 '정도' 를 측정	변화의 '과정과 의미' 를 탐색
자료 형태	수치, 통계, 척도	언어, 대화, 관찰, 서술
분석 방법	기술통계, 비교분석, 상관분석 등	내용분석, 주제 분석, 사례 기술 등
장점	객관적 검증 능력	깊이 있는 맥락 이해
통합 가치	통합 가치 수치가 말하지 못한 '이야기' 를 보완하고, 이야기를 수치로 뒷받침함	-

출처 : 차경천(2021) 통계적 연구 방법론, 동아대학교

이 접근은 회복 프로그램의 결과를 단순히 '성공/실패' 로 평가하지 않고, '어떻게, 왜, 누구에게, 어떤 방식으로 효과가 있었는가' 를 설명할 수 있게 한다.

2) 혼합방법 설계의 기본 구조

혼합방법 평가의 설계는 대체로 다음의 세 가지 구조 유형 중 하나를 선택해 적용한다(R. Burke Johnson, 2007).

(1) 동시적 설계(concurrent design)

양적 · 질적 자료를 동시에 수집 · 분석하고, 두 결과를 서로 비교 · 보완하는 방식.

[예시]

- 사전 · 사후 회복 척도 점수(양적 접근)와 참여 학생 인터뷰(질적 접근)를 병행 분석.
- 수치상 개선된 학생의 실제 언어 표현이나 행동 변화 기록으로 의미를 해석.

(2) 순차적 설계(sequential design)

한 접근의 결과를 바탕으로 다음 접근을 설계하는 방식.

[예시]

- 1단계 : 사전 · 사후 설문조사 결과에서 특정 영역(예: 공감 능력 향상 미약)을 발견
- 2단계 : 해당 영역을 중심으로 심층 면담을 실시하여 원인과 맥락을 탐색

(3) 내포형 설계(embedded design)

한 접근(주로 양적)을 중심으로 하되, 그 안에 보조적 질적 요소를 포함하는 방식.

[예시]

- 회복 프로그램 전체를 양적으로 평가하면서, 특정 세션에 대한 학생 소감문을 분석하여 정성적 해석을 덧붙임.

3) 회복 평가에서의 혼합방법 적용 절차

(1) 평가 목표 설정 → 회복의 핵심 영역(정서적 안정, 관계 회복, 학교문화 변화 등)을 구체화한다.

(2) 지표 및 도구 설계 → 양적 지표: 회복 탄력성 척도, 공감 능력 검사, 학교 기후 설문 → 질적 도구 : 면담 질문지, 교사 관찰기록, 학급 이야기 나눔 기록 등

(3) 자료 수집과 삼각검증(triangulation) → 서로 다른 자료원을 교차 비교하여 결과의 신뢰성을 높인다. (예) 학생 설문 결과 ↔ 교사 관찰기록 ↔ 상담자의 서술 노트 비교

(4) 통합 분석(Integration Analysis) → 양적 결과로 '변화의 크기' 를 질적 결과로 '변화의 이유' 를 해석한다. (예) 공감 능력 점수가 15% 향상됨(양적 접근) → 타인의 입장에서 생각하려는 표현이 증가(질적 접근)

(5) 결과 해석과 피드백 → 결과를 수치와 사례로 병기하여 학교 구성원과 공유하고, 다음 프로그램 개선에 반영한다.

4) 혼합방법 평가의 실제 예시

[표 13-2] 혼합방법 평가의 실제 예시

평가 단계	양적 평가	질적 평가	통합 해석
사전 단계	회복 탄력성 척도, 우울 · 공감 검사	사전 면담("지금 학교생활이 어떤가요?")	학생의 초기 정서 상태 파악
중간 단계	프로그램 참여율, 출석률, 세션 만족도	관찰기록, 교사 코멘트	프로그램 실행 충실도 점검
사후 단계	사후 척도 변화율, 통계분석	학생 · 교사 · 학부모 인터뷰, 소감문	수치적 향상과 내면의 변화를 통합 해석

출처 : 차경천(2021) 통계적 연구 방법론, 동아대학교

5) 혼합방법 설계의 장점과 주의점

(1) 장점

- 단일 방법의 한계를 보완하고, 결과의 신뢰성과 설득력을 높인다.
- 회복의 '정량적 성과' 와 '정성적 성장' 을 동시에 반영할 수 있다.
- 정책 보고서나 프로그램 개선 시 실질적 근거 자료로 활용된다.

(2) 주의점

- 시간과 인력 자원이 많이 소요된다.
- 평가자가 양적 · 질적 분석 모두에 대한 이해를 갖추어야 한다.
- 분석 단계에서 두 결과의 통합 논리가 명확해야 한다('양적 → 질적 → 통합' 흐름 정리 필요)

6) 시사점 : 데이터와 이야기가 만날 때 진짜 회복이 보인다

학교폭력 회복의 본질은 수치로 증명되는 변화가 아니라, 그 변화가 어떻게 만들어지고, 어떤 의미로 남았는가를 함께 보는 것이다. 따라서 **혼합방법 접근은 단순한 평가 기술이 아니라 학교가 회복의 과정 자체를 배우는 학습 도구로 평가를 활용하는 철학적 방법**이다.

03 평가의 도구와 절차

학교폭력 회복 프로그램의 평가는 과학적이면서도 인간 중심적이어야 한다. 따라서 평가는 복잡한 통계나 형식적 보고서보다, '학생과 학교가 실제로 어떻게 변했는가'를 구체적으로 보여줄 수 있는 체계적 도구와 절차를 갖추는 것이 중요하다.

1) 평가 절차의 개요

학교폭력 회복 프로그램의 평가는 다음 5단계 절차를 기본으로 진행한다.

[표 13-3] 학교폭력 회복 프로그램 평가 단계

단계	평가 주요 내용	주요 담당자	산출물(결과물)
① 사전 준비	평가 목적 · 대상 확정, 도구 선택, 일정 계획	담당 교사, 상담사, 연구진	평가계획서, 체크리스트
② 자료 수집	사전 · 사후 설문, 면담, 관찰, 기록 등	평가 담당자, 교사	원자료
③ 자료 분석	양적 통계 분석 + 질적 내용 분석	평가 담당자, 연구자	통합 분석표
④ 결과 해석	변화의 의미 도출, 통합 논의	교사, 상담사, 학급 구성원	회복 평가보고서 초안
⑤ 피드백	학교 구성원 공유, 개선 방안 도출	교사, 관리자	피드백 회의록, 차기 계획

출처 : 차경천(2021) 통계적 연구 방법론, 동아대학교

이 절차는 일회적 점검이 아니라, 회복의 여정을 함께 되돌아보는 과정이다. 즉, '사건의 평가' 가 아니라 '관계의 회복과 성장' 을 재확인하는 과정으로 이해해야 한다.

2) 주요 평가 도구

혼합방법 설계의 원리에 따라, 양적 도구와 질적 도구를 통합적으로 활용한다.

(1) 양적 평가 도구(quantitative tools)

[표 13-4] 양적 평가 도구

구분	도구 예시	측정 목적	비고
회복 탄력성 척도	Connor-Davidson Resilience Scale (CD-RISC)	개인의 회복 능력과 정서적 안정도	사전 · 사후 비교 가능
공감 능력 검사	EQ-Short, Bryant 공감 척도 등	가해 · 피해 학생의 타인 이해 능력 평가	성별, 학년별 비교 가능
학교 기후 설문	교육부 표준 문항 또는 자체 설계	학교의 안전감, 신뢰, 교사-학생 관계 등	구성원 전체 대상
프로그램 만족도 조사	세션 종료 후 간단한 5점 척도	참여도 · 이해도 · 실행 충실도	회기별 기록 활용

출처 : 차경천(2021) 통계적 연구 방법론, 동아대학교

양적 도구는 객관적 지표를 확보하기 위한 최소한의 수단이며, '평가의 근거' 가 아니라 '대화의 출발점' 으로 사용한다.

(2) 질적 평가 도구(qualitative tools)

[표 13-5] 질적 평가 도구

구분	도구 예시	측정 목적	실시 방법
반(半)구조화 면담	"이전과 지금의 관계가 어떻게 달라졌나요?"	학생·교사·보호자의 회복 경험 탐색	개별 또는 그룹 면담
관찰기록지	수업 중 태도, 또래 상호작용, 비언어 표현 등	행동적 변화의 맥락 이해	교사·상담사 작성
회복 일지	감정 변화, 다짐, 관계 회복의 순간 기록	개인의 자가 회복 경험 수집	학생 자필 작성
학급 이야기 모음	학급 전체의 변화와 성장 이야기	학급 단위의 집단 회복 측정	모둠별 활동 후 수합
피드백 대화	구성원 간 경험 공유 및 개선 논의	회복 프로그램의 실제적 의미 확인	마지막 단계에서 실시

출처 : 차경천(2021) 통계적 연구 방법론, 동아대학교

질적 자료는 수량화되지 않지만, "어떤 변화가 일어났는가"를 생생하게 보여주는 회복의 증거(evidence of healing)이다.

3) 평가의 실행 절차(flow)

① 사전 단계

- 평가 목적과 대상, 지표를 명확히 설정한다.
- 사전검사(심리척도, 학교 기후 설문 등)와 초기 면담을 실시한다.
- 평가계획서에는 '무엇을 언제, 누가, 어떻게 평가할 것인가'를 구체적으로 명시한다.

② **진행 단계**

- 각 회기 후 간단한 만족도 체크와 교사 관찰일지를 작성한다.

- 정기적 팀 회의를 통해 중간 점검을 실시한다.

- 프로그램 도중 발견된 변화나 문제는 즉시 기록하고, 개선 항을 반영한다.

③ **사후 단계**

- 사후 검사 및 심층 면담을 실시한다.

- 모든 자료를 통합하여 변화의 양적 · 질적 증거를 도출한다.

- 결과를 학교 구성원에게 공유하고, 개선점을 제시한다.

4) 평가보고서 구성 예시

학교폭력 회복 프로그램의 최종 평가보고서는 다음과 같은 항목으로 구성하는 것이 바람직하다.

(1) 개요 및 목적 : 프로그램명, 기간, 대상, 평가 목표 명시

(2) 평가 설계 및 도구 설명 : 사용된 양적 · 질적 도구, 혼합방법 구조, 수집 절차

(3) 주요 결과 요약 : 주요 지표 변화(그래프, 표 등), 주요 질적 사례(인용문, 이야기 등)

(4) 통합 해석 및 논의 : 변화의 의미, 성공 요인, 한계 및 개선 방향

(5) 결론 및 제언 : 학교 차원의 제도적 지원 방안, 차기 회복 프로그램 확장 전략

(6) 부록 : 사용한 검사 문항, 면담 질문지, 체크리스트 샘플 등

5) 실천적 적용 포인트

(1) '결과' 보다 '과정' 을 기록한다→ 회복은 점수보다 '경험의 축적' 에서 드러난다. 학생의 언어를 존중한다→ 수치가 아닌 진심 어린 표현이 진짜 변화의 지표다.

(2) 팀 접근(team evaluation)을 유지한다→ 교사 · 상담사 · 관리자가 함께 참여해야 균형 잡힌 평가가 가능하다→ 학교 공동체 전체가 결과를 공유한다→ 평가는 개인의 반성문이 아니라, 공동체의 성장 일지이다.

평가는 끝이 아니라 다음 회복의 시작점

최종 평가는 '잘했는가?' 를 따지는 절차가 아니다. 그것은 '우리가 함께 얼마나 성장했는 가?" 를 확인하고, '다음 회복의 여정을 어떻게 준비할 것인가?' 를 모색하는 출발점이다. 따라서 평가자는 채점자가 아니라 회복의 동행자(companion of healing)로서, 데이터와 사람의 이야기를 균형 있게 해석해야 한다.

 평가 결과의 해석과 피드백 전략

"평가는 끝이 아니라 학교가 함께 배우는 대화의 시작이다."

1) 평가 결과 해석의 기본 원리

평가 결과를 해석할 때 가장 중요한 것은 '의미 중심'의 관점이다. 즉, 수치의 높고 낮음보다 그 변화가 어떤 과정을 통해 일어났는가, 그리고 그 변화가 학교공동체에 어떤 메시지를 주는가를 중심으로 해석해야 한다.

해석의 3대 원리

(1) 맥락성(contextuality) : 변화는 상황과 맥락 속에서 이해되어야 한다.

(예) 점수 향상이 미미해도, 학급 내 대화 빈도가 늘었다면 그것이 진정한 회복의 신호다.

(2) 다층성(multi-level) : 개인 · 관계 · 학교 조직의 변화가 서로 얽혀 있음을 본다.

(예) 가해 학생의 태도 변화가 교사와 학급의 분위기 개선으로 이어질 수 있다.

(3) 균형성(balance) : 긍정적 결과뿐 아니라 한계와 과제를 함께 다룬다.

(예) 개선점 없이 칭찬만 하는 보고서는 학습을 멈추게 한다.

2) 양적 자료의 해석 : 변화의 크기를 읽다

양적 평가 결과(설문, 척도, 통계)는 회복의 정도를 객관적으로 보여주는 기초 자료다. 그러나 수치 자체보다 비교와 패턴을 통한 변화의 이야기를 읽는 것이 중요하다.

[표 13-6] 회복 탄력성 척도 결과 해석 예시

구분	사전 평균	사후 평균	변화율(%)	해석
피해 학생	2.6	3.6	+28.5	정서적 안정과 자기조절 향상
가해 학생	2.5	3.3	+32.0	공감 능력 및 자기반성 증가
전체 학생	2.9	3.5	+20.7	학급 내 정서 분위기 개선

* 변화율이 높더라도 반짝 효과인지 지속 가능한 변화인지 함께 분석한다.
* 사전 점수가 낮은 학생군의 변화폭이 크다면, 개입 효과가 큰 것으로 본다.
* 결과 수치는 반드시 질적 접근 자료(면담, 관찰기록 등)와 연계하여 해석한다.

3) 질적 접근 자료의 해석 : 변화의 의미를 듣다

질적 접근 자료는 숫자가 말하지 못하는 회복의 깊이와 맥락을 보여준다. 인터뷰, 소감문, 관찰일지 등을 주제 분석(thematic analysis)을 통해 정리하면, 평가 결과에 서사적 설득력을 부여할 수 있다.

[표 13-7] 학생 인터뷰 발췌 및 해석

원자료	주제	해석
"이제는 그 친구랑 말할 수 있어요. 아직 완전 친하진 않지만요."	관계의 재형성	완전한 화해보다 대화의 복원이 중요한 회복의 지표
"예전엔 교실이 무서웠는데, 요즘은 그냥 편해요."	정서적 안정	학급 내 안정감 향상, 학교 기후 긍정 변화
"다른 애가 힘들어 하면 이제 그냥 지나치지 않아요."	공감과 책임의 확장	회복이 개인을 넘어 또래문화로 확산되는 징후

4) 통합 해석 전략 : 숫자와 이야기의 대화

진정한 회복 평가는 양적 접근 결과와 질적 접근 서술을 통합하여 하나의 이야기로 재구성하는 단계에서 완성된다. 이때 다음 세 가지 전략이 효과적이다.

[표 13-8] 회복 평가 전략

전략	설명	예시
삼각 검증 (triangulation)	서로 다른 자료원을 교차 검토하여 신뢰성 확보	설문 점수 향상 ↔ 교사 관찰에서도 유사한 긍정 변화 확인
설명적 연결 (explanatory connection)	질적 자료로 양적 결과의 이유를 설명	공감 점수 상승→ "서로 마음을 듣는 법을 배웠어요" (학생 진술)
내러티브 통합 (narrative integration)	수치와 사례를 한 문단 안에서 엮어 기술	"공감 점수는 평균 15% 향상되었으며, 학생들은 다른 사람을 이해하려는 마음이 생겼다고 응답했다."

5) 피드백 전략 : 학교 공동체가 함께 배우는 평가

평가 결과는 단지 보고서로 끝나서는 안 된다. 그것은 학교 공동체 전체가 회복을 배우는 피드백의 과정이어야 한다.

(1) 피드백의 원칙
① 공유성 : 결과는 교사, 학생, 학부모 모두가 이해할 수 있는 언어로 공유한다.
② 비판보다 성찰 : 문제점을 지적하기보다 '무엇을 배웠는가?' 에 초점을 맞춘다.
③ 참여성 : 구성원들이 직접 개선 아이디어를 제안하도록 참여를 유도한다.

(2) 피드백 방법

[표 13-9] 피드백 방법

방식	내용	특징
교직원 워크숍	결과 공유 및 프로그램 개선안 논의	학교 차원의 제도적 개선 중심
학생 리플렉션 회의	학생 주도의 경험 공유 및 다짐 작성	주체적 참여, 또래문화 확산
학부모 간담회	가정에서의 지원 및 협력 논의	학교-가정 연계 강화
피드백 리포트 요약본	주요 결과를 시각화한 간략 자료 배포	접근성과 투명성 확보

6) 결과 활용과 다음 단계

피드백 이후에는 평가 결과를 다음 회복 계획에 직접 반영해야 한다. 이때 다음 세 가지 활용 전략이 효과적이다.

(1) 프로그램 개선 : 세션 구성, 운영 방식, 참여자 피드백 등을 반영하여 차기 프로그램 수정

(2) 학교 정책 제안 : 학년 단위 회복 프로그램 정례화, 교사 연수제도 강화, 또래상담 활성화 등

(3) 지속적 모니터링 : 평가 종료 후에도 3~6개월 단위의 간이 점검(추적 인터뷰, 설문)으로 회복 유지 수준 확인

아하! 그렇구나

평가를 통해 배우고 함께 성장한다

회복의 평가는 결과보고서가 아니라 학교공동체의 학습과 성찰의 과정이다. 가해 학생은 책임을 배우고, 피해 학생은 안전감을 회복하며, 교사는 새로운 관계 회복의 기술을 배우고, 학교는 회복의 힘을 내면화한다. 진정한 평가는 누가 잘하고 잘못했는가를 묻지 않는다. 그것은 '우리가 함께 무엇을 배웠는가' 를 기록하는 것이다.

05 실제 사례 : 평가가 바꾼 회복의 현장

1) 사례

A. 서울 M중학교 회복 서클 평가 프로젝트

서울의 한 중학교는 2024년 3월부터 12주간 '회복 서클' 프로그램을 운영하였다. 피해 학생 6명, 가해 학생 3명, 또래지지 학생 4명이 참여했으며, 사전·사후 평가에는 PCL-5, PHQ-9, SDQ, 학교기후 설문을 사용하였다

- 사전(PCL-5 평균) : 39.3점→ 사후 : 22.4점 (△16.9점, p〈0.01)
- PHQ-9 평균 : 12.7점→ 6.4점 (△6.3점, 중등도→ 경도 수준)
- SDQ 총점 : 21.5점→ 15.2점(△6.3점, 긍정적 변화)
- 학교 기후(school climate) : 안정감 항목 2.9→4.2 (5점 척도 기준)

※ 한 학생의 정성적 인터뷰 발언

"전에는 교실 문을 열 때마다 심장이 뛰었어요. 그런데 지금은 친구들이 제 얘기를 들어주니까, 학교가 다시 안전하다고 느껴져요."

이 사례는 단순히 점수 향상에 그치지 않는다. 교사들도 회복 서클 이후 교사-학생

관계에 긍정적 변화가 있었다고 응답했다. 교사는 "이제 사건이 발생해도 학생들이 먼저 대화로 해결하려는 태도를 보인다"고 말했다.

2) 평가 프레임워크 개념도

다음 그림은 최종 평가의 구성요소를 Input → Process → Outcome Feedback 순으로 보여준다. 이 구조는 단순한 결과 중심 평가에서 벗어나 과정 중심(how)과 영향 중심(so what)을 동시에 살핀다. 예를 들어, PHQ-9 점수가 줄었는데 프로그램 이행률이 낮다면, "다른 요인"(예: 개인 상담)의 영향을 고려한다. 따라서 모든 단계의 자료를 연결 분석해야 진정한 효과를 판별할 수 있다(Moreno et al. 2024).

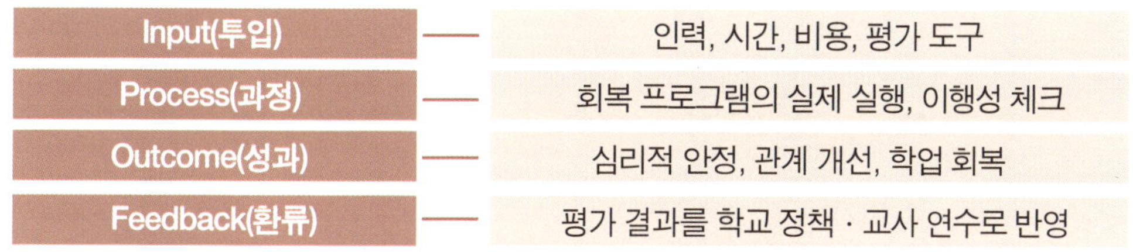

[그림 13-1] 평가 프레임워크 개념도

3) 평가 결과의 환류(feedback)와 확장(scale-up)

평가 결과는 반드시 현장에 돌아가야 한다. Gregory et al. (2022)의 연구에서도, 결과를 교사 연수와 학부모 교육으로 환류시킨 학교가 그렇지 않은 학교보다 1년 후 학교폭력 재신고율이 40% 낮았다고 보고되었다. 따라서 교육청·학교는 다음과 같은 4단계 환류 시스템을 구축해야 한다.

[표 13-10] 4단계 환류 시스템

단계	주요 주체	환류 방식	기대 효과
① 피해자 피드백	학생 · 보호자	개인 맞춤형 회복 요약서 제공	신뢰 회복, 재피해 방지
② 교사 · 상담자 피드백	실무자	결과 워크숍, 재교육	전문성 강화, 실행 품질 향상
③ 학교 관리층 보고	교장 · 관리자	요약 리포트, 정책 반영	제도적 지원 확대
④ 지역사회 공유	지역교육청 · NGO	정책 제안서, 홍보자료	회적 확산, 협력 네트워크 강화

4) 학습 활동

활동 1 : 나의 학교에 맞는 회복 평가 설계하기

- 우리 학교의 학교폭력 개입 사례를 가정한다.
- T0~T3까지 어떤 지표를 측정할지 설계한다.
- 어떤 도구(PCL-5, SDQ 등)를 사용할지 선택하고 이유를 설명한다.
- 결과를 동료들과 공유하고 피드백을 받는다.

활동 2 : 평가 데이터 해석 실습

- 가상의 사전 · 사후 점수표를 제공하고, 회복 효과를 그래프로 시각화하여 해석한다.
- '점수 감소가 곧 회복인가?' 라는 질문을 중심으로 토론한다.

평가가 곧 회복의 완성이 되어야

학교폭력 회복 프로그램의 마지막 단계인 평가는 책임과 희망의 경계선이다. 평가는 단순한 측정이 아니라 학생·교사·학교·지역사회가 함께 회복의 진정성을 확인하는 의식이다. Hannah Gaffney 외(2021)는 "평가 없는 개입은 신념에 불과하지만, 평가가 있는 개입은 근거(Evidence)가 된다"고 강조했다.

따라서 우리의 목표는 좋은 이야기가 아니라 검증된 회복(evidence-based recovery)이다. 평가는 그 길의 마지막이자 다음 회복의 첫걸음이다.

첫째, 평가는 끝이 아니라 회복의 확증 단계이다.

둘째, 혼합방법(수치 + 이야기)을 함께 사용한다.

셋째, 이행성(fidelity)을 꾸준히 관리한다.

넷째, 평가 결과는 반드시 현장으로 환류한다.

다섯째, 근거 기반 평가가 곧 지속 가능한 회복의 시작이다.

이거 알아요?

☑ 학교와 교실의 평화를 지키는 규칙 만들기

학교는 실수와 미숙한 판단이 교정을 받으며 성숙해가는 과정을 거치는 배움의 장이다. 학교폭력이 잔인해지고 교묘해질수록 그에 다른 예방 조치와 대응법도 좀 더 체계적이고 정밀해질 필요가 있다. 처벌에 대한 고민보다는 교화와 근본적인 예방에 대한 고민이 앞서야 하는 이유는 교육 현장이기 때문이다.

13장에서는 프로그램 평가 도구 설계하기, 해외 학교폭력 대응 모델 조사하기, AI·에듀테크를 활용한 예방 아이디어 제안하기 등의 과정에 대해 살펴보았다. 이는 학교폭력을 궁극적으로 예방하기 위한 과제이기도 하다.

평화 규칙은 깊은 대화로 완성된다

어른들은 대개 규칙을 정하는 데 일방적이다. 가훈이나 급훈을 정하는 데도 그렇고 교실에서 지켜야 할 규칙을 정하는 데도 그렇다. '어른이 알아서 잘 정했으니 어린 너희는 그저 따르라' 는 식이다. 이때 미국의 심리학자 하임 기너트의 충고를 새겨들을 필요가 있다.

"아이들은 교사나 부모에게 의지하는 존재다. 의존은 적대감을 낳는다. 적대감을 누그러뜨리기 위해서, 교사는 심사숙고하여 아이들에게 자립을 경험할 기회를 제공한다. 자율성을 많이 가질수록 적대감은 적어진다. 자립 정도가 클수록 다른 사람에 대한 분노가 줄어든다."

교사나 부모가 규칙을 일방적으로 정하여 강제하게 되면 관계가 심각하게 왜곡되어 아이들은 교사나 부모를 교도소 간수 정도로 인식함으로써 끊임없이 규칙을 위반하여 그 한계를 시험한다. 이러면 문제가 생겨도 교사나 부모는 아이를 위해 아무것도 할 수 없게 된다.

그러므로 학교에서든 가정에서든 규칙은 아이와 토론하여 아이 스스로 정하도록 이끌어야 아이의 신뢰를 얻게 된다. 그래야 교사가 또 부모가 자기 역할을 할 여지가 생긴다. 신뢰는 모든 관계의 기본이자 핵심이다.

우리는 이런 신뢰를 바탕으로 학급 회의나 토론을 통해 다음과 같은 몇 가지 '교실의 평화를 지키는 규칙' 을 아이들 스스로 만들어 지키게 할 수 있다.

- 우리는 괴롭힘 상황에서 서로 도울 것이다.

- 우리는 괴롭힘이 있을 때 서로에게 알릴 것이다.

- 우리는 혼자 있는 친구와 함께할 것이다.

- 선생님은 평화의 본보기가 될 것이다.

- 우리는 우리의 평화를 학교 전체로 전파할 것이다.

-- 참고 문헌 --

국내 문헌

김경준 · 이기영(2019). 「학교폭력 유형별 특성과 예방 방안 연구」, 『한국 청소년 연구』. 30(2), 45-72.

김유원(2021). 「학교 조직의 병리 현상 연구: 학교폭력 축소 · 은폐 사례를 중심으로」. 연세대학교 대학원 박사학위논문.

김은희(2025). 「학교폭력 가해 및 피해 청소년에 대한 심리학적 개입 프로그램의 효과: 메 타 분석 연구」. 경기대학교 대학원 석사학위논문.

박지연(2024). 「회복적 대화모임 진행자들의 활동 경험에 관한 현상학적 연구」. 경상국립대학교 대학원 석사학위논문.

박용오 외(2023). 「사례관리」. 양서원.

박윤경(2022). 「공공기관 사례관리 담당자의 직무환경과 대처자원이 소진에 미치는 영향. 건국대학교 석사학위논문.

박상훈(2020). 「디지털 시민성 함양을 위한 디지털 교과서 활용 방안」. 디지털융복합연구 Vol.18. No.2.

이수정(2015). 「학교폭력 문제 해결을 위한 교원 및 학교 지원인력의 역할에 관한 연구」. 학습자 중심 교과 교육 연구. Vol.15. No2.

이순배 외(2021). 「분노 관리 융합과 소통의 기술」. 교문사.

오지원(2020). 「학교폭력 피해자 상담에서 상담자가 경험하는 압도감에 관한 연구」. 한국상담학회 학술대회 논문집. Vol.2020. No.8.

유형근 외(2018). 「학교폭력 예방 및 개입의 문제점과 개선방향」. 학습자중심교과교육연구. Vol.18. No.23.

차경천(2021). 「통계적 연구방법론」. 동아대학교.

추지윤(2022). 「학교폭력 실태조사 해외 사례 비교 연구: 미국, 영국, 호주 사례를 중심으로」. 「문화교류와 다문화 교육(Cultural Exchange and Multicultural Education)」. Vol.11. No.5.

최지선(2014). 「공공 사례 관리자의 지식과 기술수준에 관한 연구」. 사례관리 연구. Vol.5. No.1.

홍선미(2011). 「사회 복지 실천의 가치지향 분석」. 비판사회정책. No.23.

국외 문헌

Baumrind, D(1991). "The Influence of Parenting Style on Adolescent Competence and Substance Use". Journal of Early Adolescence. 11(1), 56-95.

Bandura, A(1973). Aggression: A Social Learning Analysis. Englewood Cliffs. NJ: Prentice-Hall.

B. F. Skinner(1953). Science and Human Behavior. Macmillan.

Dodge, K. A., & Coie, J. D(1987). "Social-information-processing factors in reactive and proactive aggression in children's peer groups". Journal of Personality and Social Psychology. 53(6), 1146–1158. doi:10.1037/0022-3514.53.6.1146.

Ernesto Lodi dhl 외(2022). Use of Restorative Justice and Restorative Practices at School: A Systematic Literature Review. Int. J. Environ. Res. Public Health 2022. 19(1), 96;.

Erik H. Erikson(1968). Identity, Youth and Crisis. W. W. Norton & Company.

Gillions, A., Cheang, R. et al(2021). "Mindfulness-based interventions on child and adolescent aggression: A systematic review". Children and Youth Services Review.

Gregorio Gimenez 1, Mauro Mediavilla 2, David Giuliodori 3, Gisela Carolina Rusteholz(2024). Bullying at School and Students' Learning Outcomes: International Perspective and Gender Analysis. J Interpers Violence. 2024 Jun;39(11-12):2733-2760. doi: 10.1177/08862605231222457. Epub 2024 Jan 22.

Hannah Gaffney(2021). Effectiveness of school‐based programs to reduce bullying perpetration and victimization: An updated systematic review and meta‐analysis. Campbell Systematic Reviews.

Jill H Bohnenkamp 외(2023). Evaluating Strategies to Promote Effective, Multidisciplinary Team Collaboration in School Mental Health(2023). School Mental Health (PubMed).

Kjærvik, S. L., & Bushman, B. J(2024). "A meta-analytic review of anger management activities that increase or decrease arousal: What fuels or douses rage? Clinical Psychology Review". https://doi.org/10.1016/j.cpr.2024.102173

Laurence Steinberg & Grace Icenogle(2019). "Using Developmental Science to Distinguish Adolescents and Adults Under the Law". Annual Review of Developmental Psychology, Vol. 1, pp. 21-40.

Lee, J. S., & Yoon, Y(2022). 「한국 청소년 분노 유발 요인 척도 개발 연구」. KoreaScience Journal. koreascience.kr.

Linda Darling-Hammond(2023). "How Teacher Education Matters".Journal of Teacher Education. Vol.74, No.2, March/April 2023, pp.151-156.

Maria Llistosella, Blanca Goni-Fuste, Leandra Martin-Delgado, Andrea

Miranda-Mendizabal, Berta Franch Martinez, Carmen Prez-Ventana, Pere

Castellvi(2023). "Effectiveness of resilience-based interventions in schools for adolescents: a systematic review and meta-analysis". Sec. Positive Psychology Volume 14-2023.

Michael Ribble(2021). Digital Citizenship in the Frame of Global Change. Kennesaw State University, Vol. 2 No. 2.

Olweus, D(1993). Bullying at School: What We Know and What We Can Do. Oxford: Blackwell.

Peter K. Smith(2004). "Bullying and violence in schools: An international perspective and findings in Greece". THEORETICAL REVIEWS. Vol. 11 No. 2.

Potter-Efron, R(2016). Anger Disorders: Definition, Diagnosis, and Treatment. New York: Routledge.

R. Burke Johnson(2007). "Toward a Definition of Mixed Methods Research". Journal of Mixed Methods Research. 1, 112-133.

Richard, Y., Tazi, N., Frydecka, D., Hamid, M. S., &Moustafa, A. A(2022). "A systematic review of neural, cognitive, and clinical studies of anger and aggression". Current Psychology. 42(2), 17174-17186. https://doi.org/10.1007/s12144-022-03143-6

Sarah J. Schoppe-Sullivan & Jay Fagan(2020)."The evolution of fathering research in the 21st century: Persistent challenges, new directions". Journal of Marriage and Family. Vol.82, February 2020, pp. 175-197.

Sheng, Xin; Yuan, Jing; Tao, Wenbing; Tao, Bo; Liu, Liman(2021). "Efficient convex optimization-based texture mapping for large-scale 3D scene reconstruction = An Analysis of Adolescents' and Teachers' Perceptions of School Violence Policy During the COVID-19 Pandemic". Information Sciences. Vol.556 No.

Simon C. Hunter, Sofia Pimenta, Rachel Taylor & Rebecca Johnson(2022). "Open Science: Recommendations for Research on School Bullying". International Journal of Bullying Prevention. Published: 30 June 2022 Volume 5.

Singh, V., Kumar, A. & Gupta, S. (2022). Mental Health Prevention and Promotion-A Narrative Review. Frontiers in Psychiatry, 13:898009. oi:10.3389/fpsyt.2022.898009.Smith, P. K., & Sharp, S(1994). School Bullying: Insights and Perspectives. London: Routledge.

Snyder, A.C. et al(2021). Perspectives of infant active play: a qualitative comparison of working versus stay-at-home parents. BMC Public Health, 21:250.

Susan M.Swearer, Dorothy L.Espelage, Scott A.Napolitano(2009). "Bullying prevention and intervention: Realistic strategies for schools". documents.animusassociation.org.

Unesco(2019). "School violence and bullying a major global issue". new UNESCO publication finds.

Zehr, Howard(2002). "The Little Book of Restorative Justice". Intercourse. PA: Good Books.

기타

교육부(2022). 범부처 디지털 문해력(리터러시) 정책 개선방안 모색을 위한 사회정책 공개토론회(포럼).

교육부(2024). 「2022년 학교폭력 실태조사 결과 보고서」.

교육부(2024). 「학교 딥페이크 불법 영상물 관련 청소년 인식 조사」. 세종: 교육부.

교육부(2024). 「학교폭력 가해 학생 특별교육 운영지침」. 세종: 교육부.

교육부(2024). 「학교폭력 피해 학생 · 가해 학생 회복 지원 매뉴얼」.

교육부(2025). 『학교폭력 사안 처리 가이드북』.

교육지원청(2024). 특별교육 프로그램 운영 계획 및 사례.

법제처(2025), 「학교폭력예방 및 대책에 관한 법률」.

법률 제21066호, 학교폭력예방 및 대책에 관한 법률(2025. 10. 1.).

사단법인 한국회복적정의협회 (Korea Association for Restorative Justice): https://www.karj.org/101?utm_source=chatgpt.com.

여성가족부(2023). 「청소년 인터넷 · 스마트폰 이용 실태조사」. 서울: 여성가족부.

한국교육개발원: https://www.unicef.org/gok/our-partners/kedi?utm_source=chatgpt.com.

한국청소년상담복지개발원(2023). 『청소년 분노 조절 프로그램 매뉴얼 2.0』.

한국청소년정책연구원(2022). 「청소년 회복 프로그램 효과성 분석 보고서」.

Unesco UIS(통계연구소) 교육 및 문해력.(https://www.uis.unesco.org/en/themes/education-literacy)

Wee센터 운영 안내 및 사례(각 교육지원청 Wee센터 사이트).).

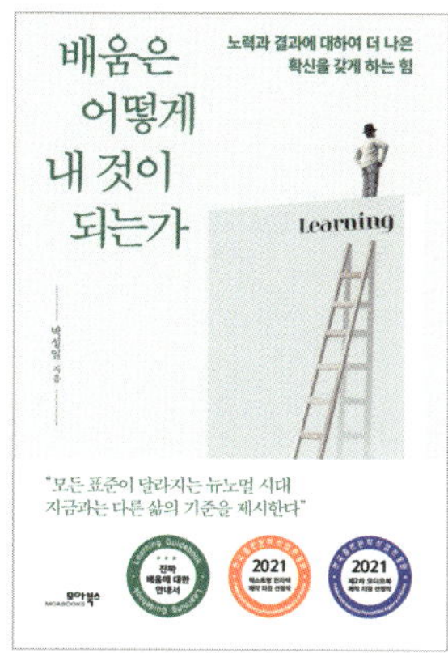

배움은 어떻게 내 것이 되는가

박성일 지음
212쪽 | 16,000원

(2021 텍스트형 전자책 · 오디오북 제작 선정)

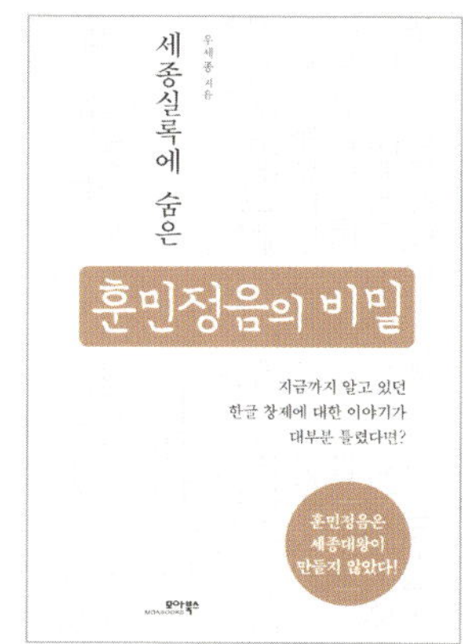

훈민정음의 비밀

우세종 지음
288쪽 | 19,800원

일기쓰기 이렇게 시작합니다

최철호 지음
312쪽 | 21,000원

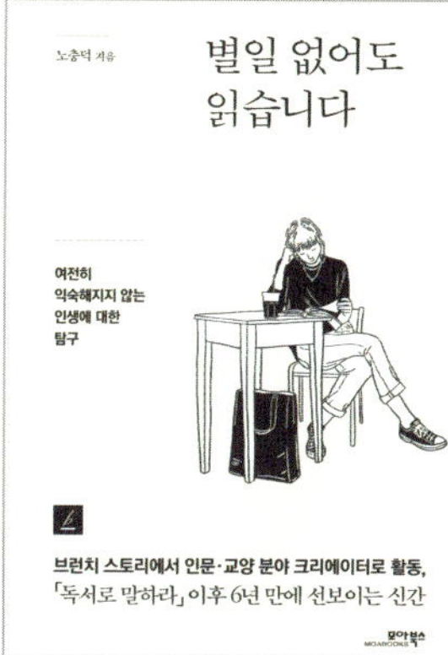

별일 없어도 읽습니다

노충덕 지음
312쪽 | 18,000원

내 글도 책이 될까요?

이해사 지음
320쪽 | 15,000원

(2021 우수출판콘텐츠 선정)

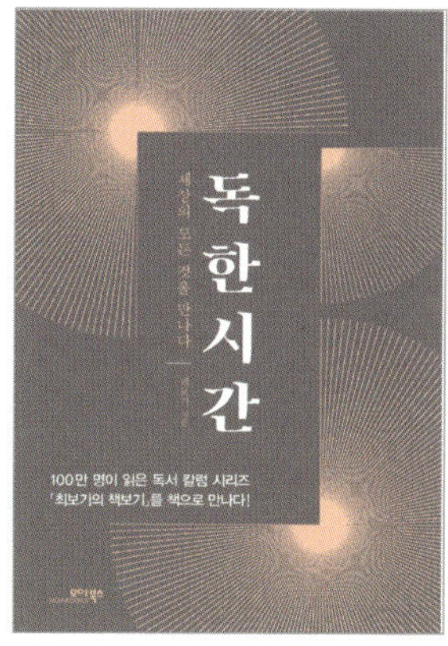

독한시간

최보기 지음
248쪽 | 13,800원

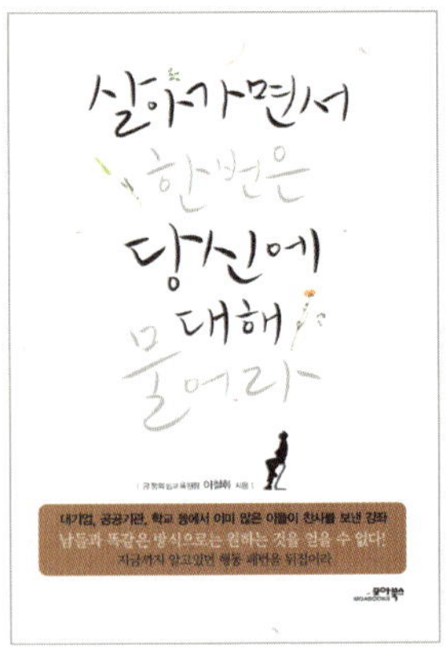

살아가면서 한번은 당신에 대해 물어라

이철휘 지음
252쪽 | 14,000원

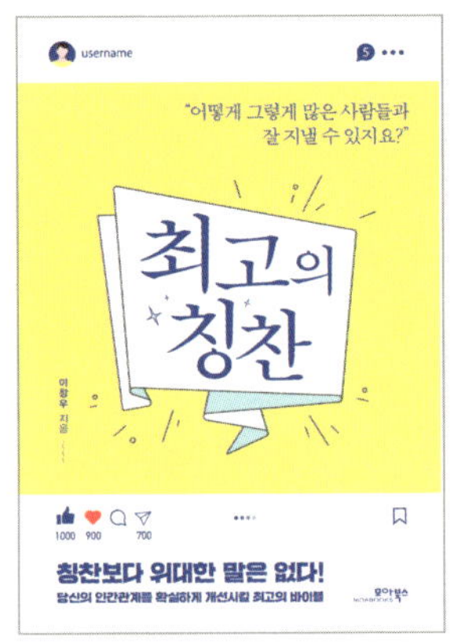

최고의 칭찬

이창우 지음
276쪽 | 15,000원

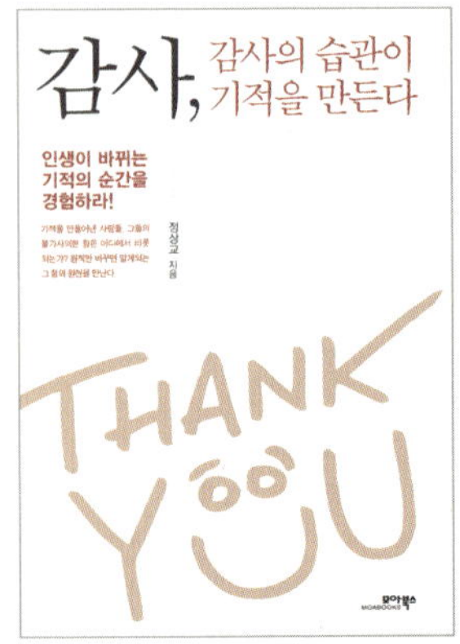

감사, 감사의 습관이 기적을 만든다

정상교 지음
246쪽 | 13,000원

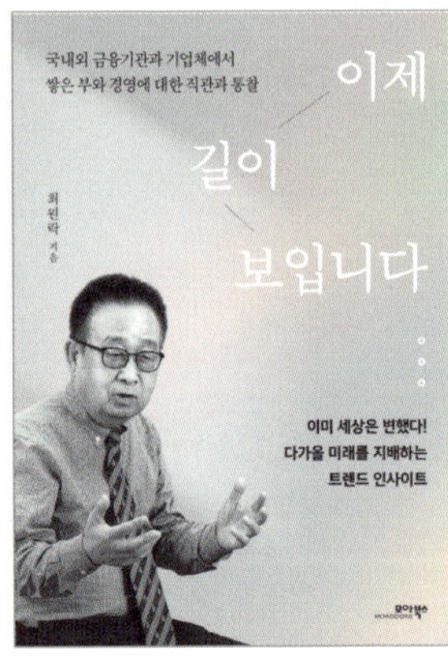

이제 길이 보입니다

최원락 지음
272쪽 | 21,000원

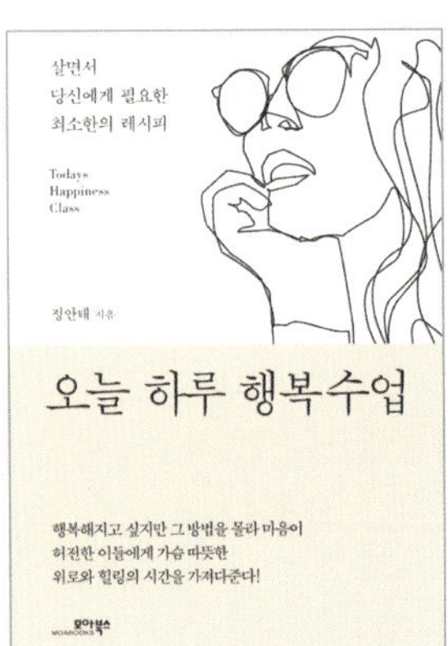

오늘 하루 행복수업

정안태 지음
208쪽 | 18,000원

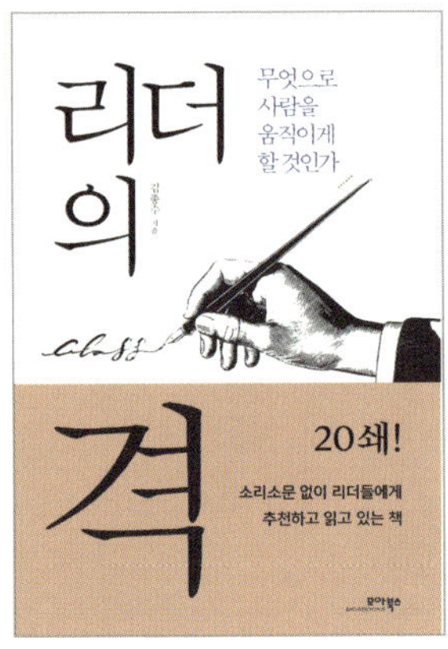

리더의 격

김종수 지음
244쪽 | 15,000원

**금융에
속지마**

김명수 지음
280쪽 | 17,000원

아바타 수입

김종규 지음
224쪽 | 12,500원

**4차 산업혁명의
패러다임**

장성철 지음
248쪽 | 15,000원

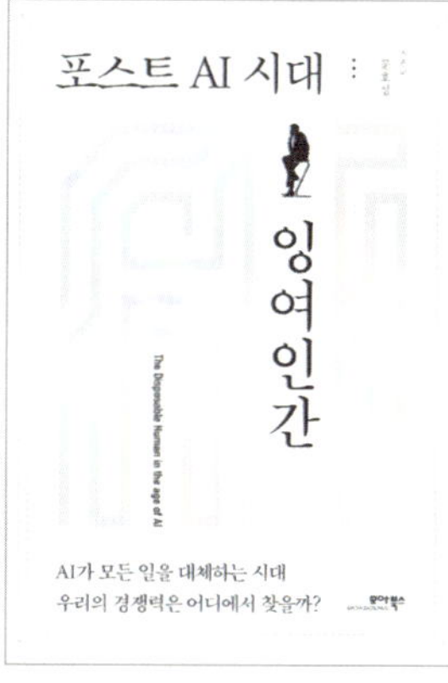

잉여인간

문호성 지음
272쪽 | 18,000원

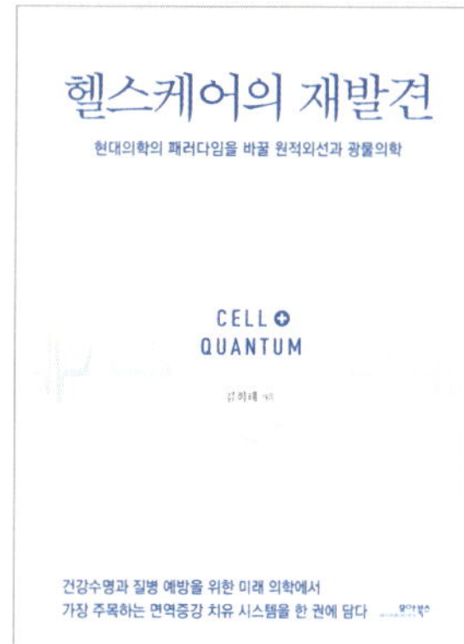

**헬스케어의
재발견**

김희태 지음
224쪽 | 18,000원

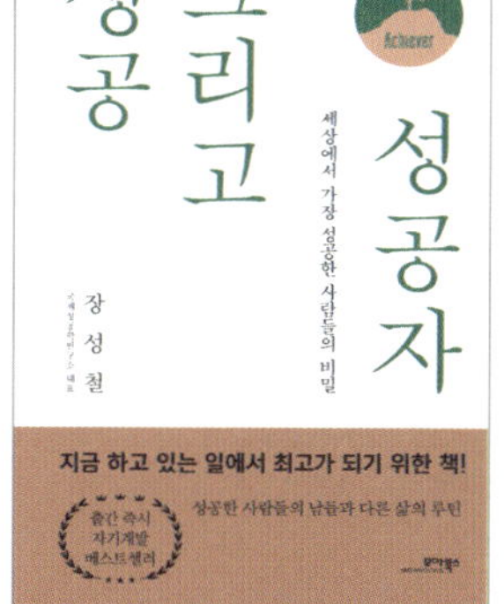

**성공 그리고
성공자**

장성철 지음
272쪽 | 17,000원

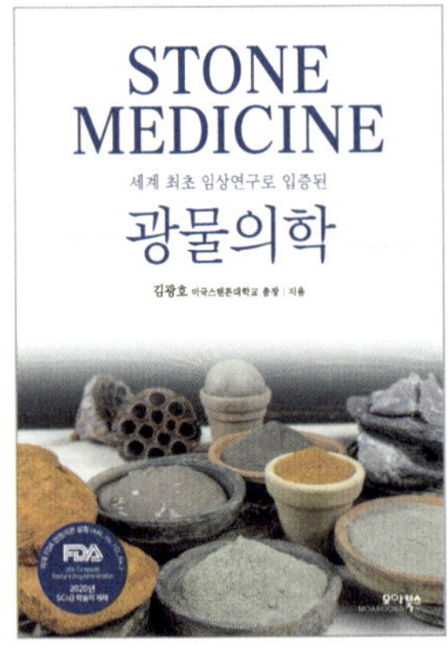

광물의학

김광호 지음
316쪽 | 25,000원

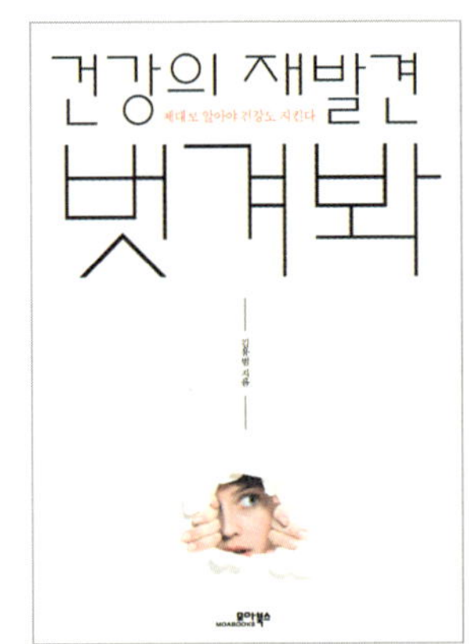

건강의 재발견
벗겨봐

김용범 지음
267쪽 | 13,500원

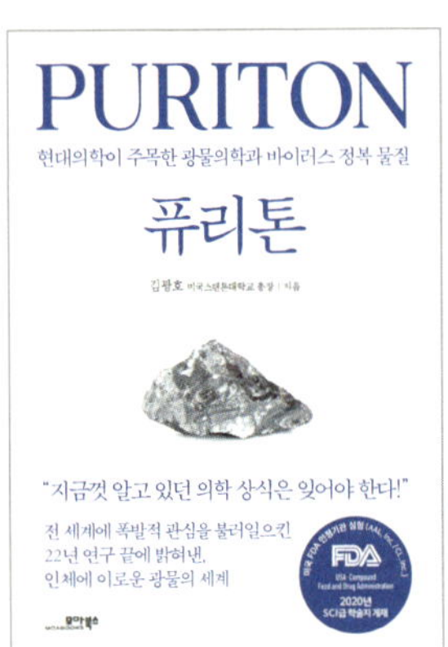

퓨리톤

김광호 지음
224쪽 | 22,000원

정력의 재발견
벗겨봐

양우원 지음
264쪽 | 14,500원

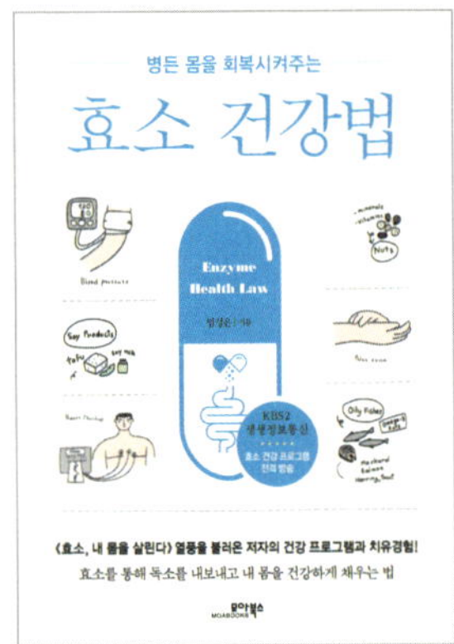

효소건강법
(개정판)

임성은 지음
267쪽 | 15,000원

음식의 재발견
벗겨봐

김권제 지음
288쪽 | 13,500원

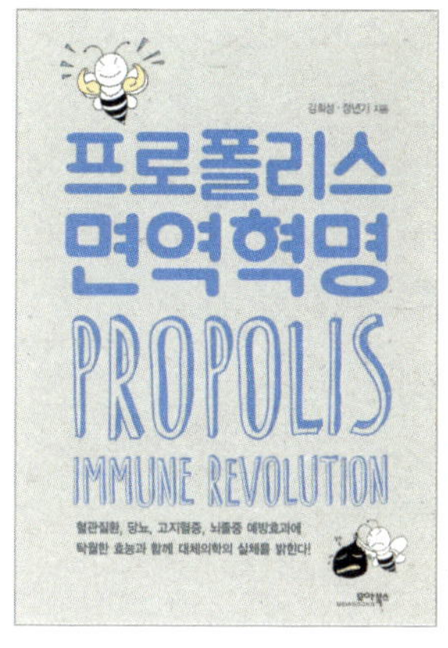

프로폴리스 면역혁명

김희성 · 정년기 지음
240쪽 | 14,000원

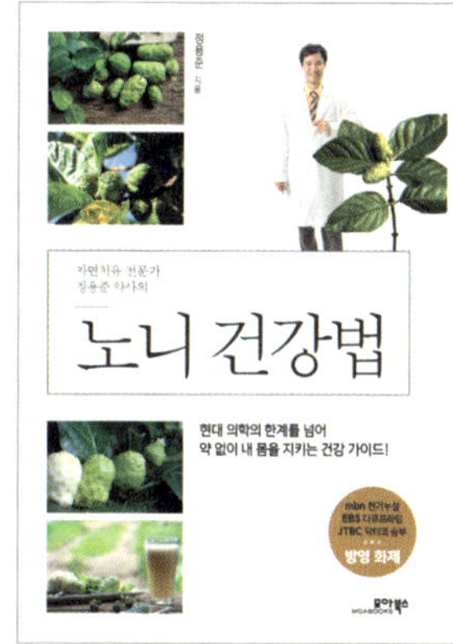

노니 건강법

정용준 지음
156쪽 | 12,000원

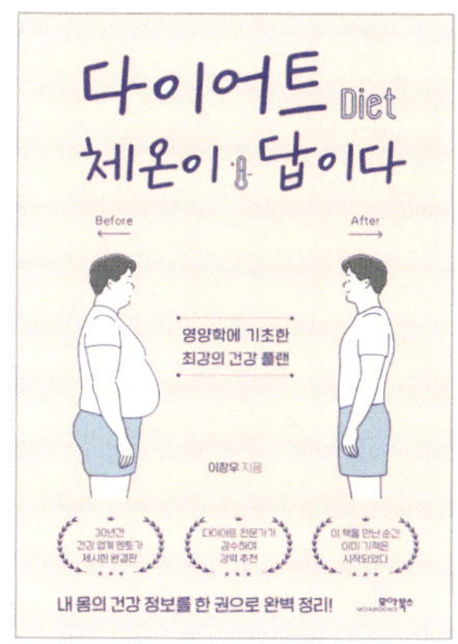

다이어트 체온이 답이다

이창우 지음
136쪽 | 13,000원

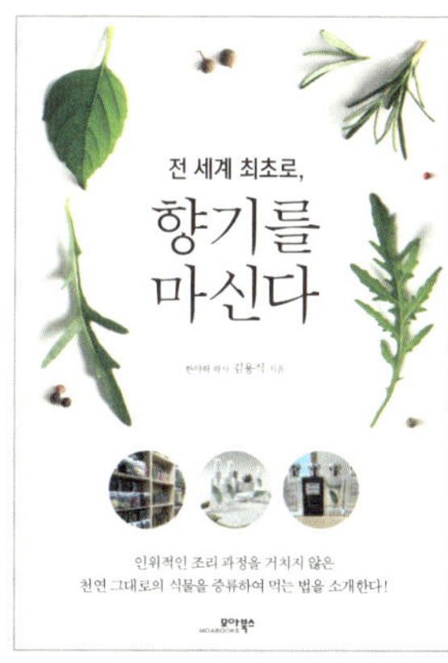

향기를 마신다

김용식 지음
144쪽 | 10,000원

20년 젊어지는 비법 1, 2권

우병호 지음
1권 380쪽, 2권 392쪽 | 각 15,000원

내 몸을 살린다 시리즈 세트

정윤상 외 24인 지음 | 75,000원

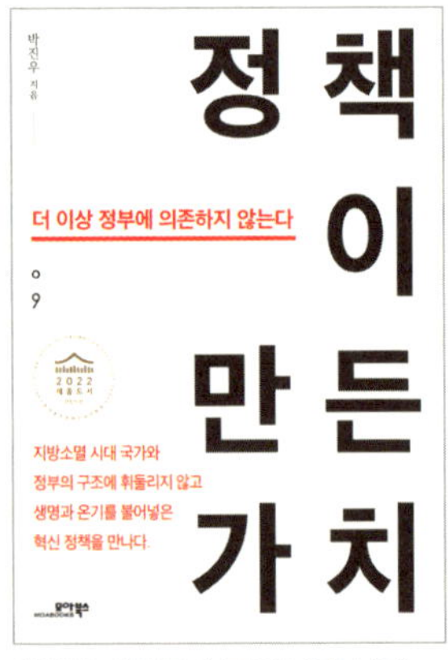

정책이 만든 가치

박진우 지음
320쪽 | 22,000원

(2022 세종도서 교양부문 선정)

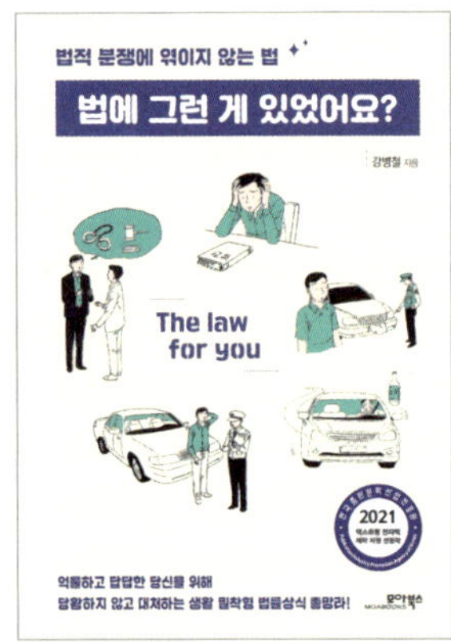

법에 그런 게 있었어요?

강병철 지음
400쪽 | 15,000원

(2021 텍스트형 전자책 제작 지원 선정)

내 손을 잡아줘

김선우 지음
264쪽 | 20,000원

정부의 예산, 결산 분석과 감시

조일출 지음
264쪽 | 20,000원

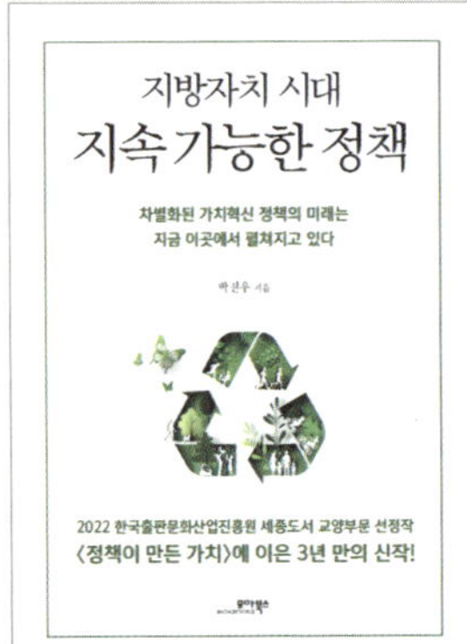

지속 가능한 정책

박진우 지음
344쪽 | 23,000원

이재명, 흔들리지 않는 원칙

임종성 지음
312쪽 | 20,000원

학교폭력 예방 매뉴얼 365

초판 1쇄 인쇄 2025년 12월 10일
2쇄 발행 2025년 12월 15일

지은이 이순배 · 이원유 · 박형규 · 유광수 · 김종대 · 윤경순 · 노영기 ·
송민석 · 김명희 · 임갑자 공저
발행인 이용길
발행처 모아북스 MOABOOKS

총괄 정윤상
디자인 이룸
관리 양성인
홍보 김선아

출판등록번호 제 10-1857호
등록일자 1999. 11. 15
등록된 곳 경기도 고양시 일산동구 호수로(백석동) 358-25 동문타워 2차 519호
대표 전화 0505-627-9784
팩스 031-902-5236
홈페이지 www.moabooks.com
이메일 moabooks@hanmail.net
ISBN 979-11-5849-284-7 03370